LA FRANCE

ATLAS

OU NOTRE DESTINÉE

CHARLES FERRUS

La France Atlas
ou notre destinée

ÉDITIONS
CITÉ FRANÇAISE

L'Appel du 26 Janvier 2019 au Peuple Français

Françaises, Français,

Nous sommes en guerre. Une guerre qui n'en porte pas le nom.

Cette guerre, c'est une guerre de civilisations. C'est une guerre pour la survie de la civilisation française. C'est une guerre pour la survie de l'Humanité. Mais notre ennemi n'a pas de troupes armées, il n'est pas fanatisé, il n'est pas celui qui crie le plus fort.

Car l'ennemi murmure.

Depuis quarante-cinq ans, nos élites ont sciemment laissé entrer l'ennemi dans la bergerie, avalant un à un nos principes durement acquis, par une nation qui s'est construite sur le sang de son propre peuple. Depuis quarante-cinq ans, ils collaborent en créant des générations de naïfs, bercés par une vision du monde qui n'est pas la nôtre. Ils vous ont dit qu'il n'y avait pas de peuple français, ils vous ont dit que la nation n'existait pas et que la nation était le mal.

Ils vous ont dit : « Ayez honte d'être français ».

À cela, je réponds vigoureusement, Française, Français, soyez absolument fiers d'être les héritiers de Louis XIV, de Robespierre, de Napoléon Ier et du Général de Gaulle, car dans le sang et dans la douleur, ils ont permis la Grandeur de la France.

Notre civilisation, la civilisation française, est la digne héritière de la philosophie grecque, du droit romain et de la spiritualité catholique.

Depuis la chute de l'Empire Romain, toute l'histoire de la France a été la recherche de l'unité perdue de l'Europe et celle de la grandeur de Rome, à travers ses lettres et ses arts. La France a ainsi enfanté : Montaigne, Descartes, Voltaire, Rousseau, Chateaubriand, Flaubert, Victor Hugo et bien d'autres géants.

La France, s'est depuis toujours, donné pour mission la civilisation universelle.

Des crimes ont été commis au nom de cette mission, mais la France, n'a jamais, je le répète, jamais été coupable. Notre nation est celle qui a enfanté le monde moderne : la Révolution Française a fait passer le monde d'une destinée faite par un dieu à des hommes maîtres de leur destin. Des Lumières, nous tenons notre idéal : celui de la Cité Républicaine, celui du citoyen éclairé et responsable qui contribue à la vie de la cité.

Car notre nation s'est bâtie sur l'idée d'un destin collectif. Notre ennemi a bâti la sienne sur l'idée d'un destin individuel.

Françaises, Français, vous avez là, la cause de tous nos maux.

D'une géopolitique équilibrée dans le monde, nous nous sommes soumis aux guerres qui n'étaient pas les nôtres en déstabilisant des états souverains, libérant ainsi une puissance terroriste islamiste dont l'onde de choc est encore à venir, et réduisant notre diplomatie à néant.

De la volonté de fédérer sous le drapeau tricolore, une communauté de citoyens mue par la raison, il ne nous reste que des individus-rois à la recherche de l'éternelle jouissance.

De l'assimilation nationale, qui permettait d'intégrer l'Autre aux valeurs de la Cité Républicaine et d'en faire un citoyen, nous arrivons sur notre territoire à la dislocation communautaire.

De la justice sociale, la justice est aujourd'hui achetée et le social se fait au service d'un capitalisme mondialisé fonctionnant comme un véritable aspirateur de richesses et accentuant comme jamais dans l'histoire les inégalités.

De la volonté d'unir les peuples au sein d'un projet commun, nous favorisons une immigration mal contrôlée, sous l'égide de l'amour de l'autre. Ces immigrés ont toute leur dignité humaine, mais en ne les formant pas à la citoyenneté à la française, nous créons des déchirures entre français qui seront bientôt définitives.

Notre souveraineté populaire, nous a été dépossédée progressivement, rappelez-vous toujours du non-suivi du référendum de 2005 par les élites.

D'une Cité en harmonie avec la nature, nous sommes à l'aube d'une revanche terrible de la Terre sur ces humains devenus des machines à consommer.

Moi, Charles FERRUS, citoyen français, exige la prise de conscience immédiate des élites de leur faute historique et de leur égarement civilisationnel.

Je demande à tous les citoyens français d'entrer dès aujourd'hui en résistance jusqu'à obtenir le pouvoir direct des citoyens et de finir enfin la Révolution Française.

Je demande à tous les citoyens français, de résister à l'ennemi non seulement pour eux-mêmes, mais de résister aussi et surtout pour le monde entier, car notre peuple-nation est la conscience de l'Humanité.

Je demande à tous les peuples-nation croyant au destin collectif, de se joindre à notre combat.

Françaises, Français, je crois en l'âme éternelle de la France.

Notre mission collective est historique.

Elle est sacrée.

Charles FERRUS

Considérations

Les mains humides, il baigne dans l'obscurité. Au bout, une lumière. Le mouvement. Une aspiration. Une lumière aveuglante, puis un cri. Son torse se bombe, il respire pour la première fois. Sa vision est étroite, floue. Il pleure sans savoir pourquoi. L'air ambiant est froid puis soudain il est enveloppé dans du chaud. Devant lui, le visage d'une femme qui pleure. Qui rit. Dans ses bras, il s'y sent bien. Son cordon est coupé. Mais son jeune cerveau est en ébullition, un torrent d'hormones qui crée un attachement envers cette femme qui le porte.

Des choses s'agitent autour de lui, elles ressemblent à cette femme. Un autre visage, flou, s'approche de lui. L'homme le regarde avec tendresse. Il rit. Puis pleure. De joie.

Lui, crie. Il ressent un manque, une force venue d'en bas. Il pleure, quémande. Il a faim. La femme au visage humide lui tend quelque chose de mou et sans savoir pourquoi, il y pose ses lèvres. Un liquide chaud, savoureux, pénètre son palais. Il s'écoule en lui. Il s'est calmé. Il est heureux. Un bruit sort du bas de son dos, la femme et l'homme aux visages humides rient et le regardent avec amour.

Le petit enfant grandit. Il voit plus sa mère que son père. Elle, l'a porté pendant neuf mois dans son ventre. Un lien indescriptible existe entre sa mère et lui. Son père est un peu maladroit, tout cela est encore abstrait. Le petit enfant, qui a toujours cette envie du bas de son ventre, est difficile. Il crie, hurle, fatigue sa mère, qui se sent prise au dépourvu.

La vision du petit enfant est plus nette, plus élargie. Il voit bien l'espace dans lequel il évolue. Sa mère fait des grimaces pour lui donner le biberon, ça le fait rire.

Le petit enfant est curieux de tout : il touche un morceau de bois puis du verre. C'est froid. Il tient une boule et la jette, ça l'amuse. À quatre pattes, il va chercher la boule et recommence. Encore et encore. Puis la balle fait tomber un vase. Son père est en colère et la lui prend. Le petit enfant fond en larmes. Son père et sa mère haussent la voix entre eux, mais peu importe, ce qui l'intéresse, c'est lui.

Des mois plus tard, très observateur, le petit enfant reproduit les mêmes mouvements que sa mère et son père : c'est un imitateur hors pair. Il comprend quelques sons, qui avant, ne voulaient rien dire pour lui : le son « non » crée un stress en lui, une colère. Encore plus lorsqu'il est montré du doigt. Il n'aime pas ce son. Il le déteste.

Il voit beaucoup mieux, mais à quatre pattes, son horizon se limite au sol. Il comprend que son père et sa mère, eux, ne sont pas à quatre pattes. Il est décidé : il monte ses fesses vers le haut, appuie sur ses deux mains et se lève, sous le regard ébahi de ses parents qui l'applaudissent. Il est content, il sourit. Mais il tombe aussitôt, ce qui le met en colère. Dans une fureur noire, il hurle. Son père le prend dans ses bras et lui demande de retenter. Il se calme. Il réitère le mouvement, ses parents l'applaudissent de plus belle, ça le rend très joyeux. Il rechute, mais cette fois, son père le rattrape.

Il a adoré qu'on l'applaudisse et qu'on lui sourie. À partir de maintenant, il va imiter ses parents en tout. Il rate, il recommence, il réussit.

De nouveaux visages apparaissent, plus âgés. Il a peur, il ne les connait pas. Mais eux le connaissent, ils jouent avec lui, le caressent et l'étreignent. Il adore ça, être le centre de l'attention. Grand-mère, Grand-Père, Tonton, Tata reviendront souvent le voir. Et lui apporter plein de cadeaux.

Maintenant il sait utiliser une cuillère tout seul. Il marche. Il court. Ses degrés de liberté augmentent considérablement. Il n'est plus obligé de rester près de ses parents. Mais il tombe, il casse, il déchire. Il pleure, il hurle, il ne connaît pas ses limites.

À force de voir ses parents en colère, il comprend que « non » c'est « non » ! Mais il est charmeur, il sait ruser. Des fois, « non » devient « oui ».

Un jour, il dit « Mama » puis « Papa ». Il comprend que ces sons ont un sens, car dès qu'il les prononce sa mère ou son père se retourne vers lui.

Il connaît maintenant chaque recoin de sa maison. Il aime son chez-lui. Mais un jour, on l'emmène ailleurs, il pleure à s'en faire mourir.

Le monde s'élargit : pleins de petits enfants comme lui. Au début timide, il s'amuse avec eux.

Un jour, un enfant reçoit un morceau de chocolat et lui non. Il rentre dans une rage noire. Bientôt la gentille dame lui en donnera un autre morceau, pour son plus grand bonheur. Un autre jour, il bouscule l'autre enfant et lui prend le morceau de chocolat : c'est à lui ! La gentille dame devient méchante et le gronde sévèrement. Il pleure. Il ne le refera plus.

Il a maintenant des amis comme son père et des amies comme sa mère. Mais aussi d'autres enfants qu'il n'aime pas. Voire qu'il déteste.

Il sait assembler plusieurs mots, bientôt des phrases entières. Il échange avec sa mère, avec son père. Il est plus précis dans sa gestuelle. Les outils, il les manipule parfaitement.

Jeune enfant, il ne se maîtrise un peu plus, beaucoup plus : il sait faire ses besoins tout seul. Comme un grand. Mais il a toujours ses colères et déteste toujours qu'on lui dise non. Toujours cette même force, venant du bas de son ventre. Cette rage.

Aujourd'hui, il va à l'école, tout seul comme un grand. Il adore s'amuser avec ses amis. Pour lui, les bêtises aussi, c'est s'amuser. Il tombe et cette fois, il se casse un bras : une douleur épouvantable. Ses parents ont eu si peur. Le temps guérira sa blessure. Il fera plus attention la prochaine fois.

Sa relation avec ses parents est pour lui comme sa relation avec ses amis. Ils s'amusent, mais avec eux, il y a toujours le « non » qui le frustre. Il ne comprend pas pourquoi.

Il est curieux de tout, il aime apprendre. Et comme lorsque ses parents l'applaudissaient tout petit, il adore avoir une de très bonnes notes à l'école. Il aime bien passer du temps avec cette fille, il ne sait pas pourquoi, quand elle lui sourit, il la trouve jolie. Et quand il n'est pas avec elle, il est triste.

Il grandit, son corps change. Bientôt, il a quelques poils au-dessus des lèvres, il ressemble à son père. Il en est fier, c'est un grand ! Il passe de moins en moins de temps avec ses parents, il les trouve lassants. Toujours ce non.

Son amie, la jolie fille, maintenant quand il la voit, il ressent la même force du bas de son ventre, mais dédoublé. Une puissante attraction. Il a peur que ce ne soit pas réciproque. Elle l'embrasse, il est propulsé dans un autre univers.

Il se dispute très souvent avec sa mère. Elle l'énerve. Il ne l'écoute plus. Son père peut hausser le ton, il ne dit rien, mais il aimerait lui foutre comme un coup de poing.

Sa famille, c'est ses amis. Son monde, son quartier.

Son envie du bas de ventre est plus puissante que tout. Il le fait une première fois avec la jolie fille. Il était nul. Pourtant, il s'était préparé en discutant avec ses amis. La prochaine fois, ça sera mieux.

Avec ses parents, le dialogue est rompu.

En classe, on parle de l'état du monde, des forêts, des animaux, de la terre, du système solaire, des galaxies. Sa conscience s'est considérablement élargie.

Même s'il ne parle plus avec ses parents, ils ont fait de lui quelqu'un qui déteste l'injustice. Alors il est en colère qu'on brûle les forêts, qu'on tue les animaux, qu'il y ait des gens dans la rue, qu'il y ait des guerres, qu'il y ait des morts.

Curieux et avide de savoir, il se demande pourquoi. Il lit, il écoute, il s'énerve. Lui va changer les choses !

Mais avant, il a l'âge de travailler. Il gagne son premier salaire, il est super heureux et fier. Il ne dépend plus de ses parents. Il réussit ses études. Grand-Mère est morte. Un choc. Un enterrement. Des pleurs.

Il ne comprend pas. Elle était encore là avec lui, la semaine d'avant. Il est vide, il est triste.

Il est jeune homme et il sait qu'il peut changer les injustices. Il étudie, réussit moins, mais parle plus avec ses parents. Le dialogue revient. Il parle de la mort de sa grand-mère. C'est pénible pour tout le monde. Encore des pleurs.

Il se change les idées avec ses amis, refait le monde, boit, fume. Il n'a pas de limite. Cela lui joue souvent de mauvais tours. Il séduit telle fille puis telle autre.

Il s'engage. Il milite. Tous ceux qui ne pensent pas comme lui sont des ennemis. Tellement de colère. Grand-père tombe malade. Il sera longtemps hospitalisé. Un calvaire. Puis il mourra. Un choc, moins fort que le précédent. Puis, encore un enterrement.

Il a trouvé un emploi stable. Il emménage avec telle fille, puis avec telle autre. Cette fois, c'est la bonne. Il est plus calme, plus nuancé dans ses jugements. Il l'aime terriblement. Elle lui annonce qu'elle est enceinte, il hurle de joie. Elle accouche, il pleure de joie.

Ils se disputent, se séparent, puis se remettent ensemble. Ils s'aiment. Elle accouche encore une fois. Puis encore.

Ses trois enfants adorent leurs grands-parents. À son tour de leur dire non. À leur tour de pleurer. D'imiter. D'apprendre. De grandir. De se libérer. De le consoler sur son lit de mort.

Et l'Humanité continue ainsi.

L'histoire universelle de cet inconnu est symboliquement l'histoire de l'Humanité qui passe par cinq âges.

La gestation, de la genèse d'Homo Sapiens jusqu'au début de l'Agriculture, est la période sombre et chaotique où l'Humanité était réactive face à environnement périlleux.

Puis vint l'enfance, de l'Agriculture jusqu'à l'imprimerie, l'âge de la dépendance vis-à-vis des groupements humains et des techniques agraires.

De l'imprimerie jusqu'à aujourd'hui, nous sommes dans l'âge de l'adolescence. Par l'accélération de la recherche scientifique et technique, l'Homme prit son indépendance vis-à-vis de la nature et s'exposa au sentiment de toute puissance.

Les deux âges à venir que l'on peut espérer pour l'Humanité, sont l'âge adulte, celui de la responsabilité et enfin la vieillesse, celui de la sagesse.

C'est aussi et surtout une réponse possible à la question existentielle que se pose chaque être humain depuis l'aube de l'Humanité : quel est le sens de la Vie ?

La réponse est dans la Vie elle-même : Prospérer. Prospérité biologique d'abord, puis culturelle. Ses mécanismes sont simples : la Vie est à la fois ce qui s'aime, ce qui est curieux et ce qui doute.

Ce qui s'aime, donc ce qui cherche à s'autopréserver : se nourrir pour se reproduire.

Ce qui est curieux, c'est l'expansionnisme de la Vie : pour se préserver dans le temps, elle se propage dans l'espace.

Ce qui doute, c'est le mécanisme d'adaptation de la Vie à son environnement, ce qui permet son évolution et sa diversité.

Cette spécificité du vivant, nous la nommerons humatique et ses composantes respectivement : amotique, les forces permettant l'attachement et l'autopréservation de soi ; curiotique, les forces de l'intérieur vers l'extérieur du vivant et dubtique, les forces de l'extérieur vers l'intérieur de vivant.

Du monde végétal, de la plus petite bactérie, au poisson, en passant par la girafe jusqu'à l'être humain, nous sommes tous des êtres humatiques à des degrés divers. La conscience artificielle sera elle aussi humatique.

Pour comprendre ce qui suit, il nous est nécessaire de comprendre la notion d'Outil, au sens le plus large : c'est un ensemble de paramètres permettant une fonction. Un marteau, c'est un solide attaché à un manche qui permet de taper sur un clou ou sur une tête. Le langage, c'est un ensemble de sons codés permettant l'échange d'informations entre individus. La reproduction sexuée est la rencontre entre un gamète mâle et un gamète femelle dont la fusion donnera un nouvel individu. Le rire est un ensemble de gestes et de sons entraînant une réaction plaisante et renforçant le lien social, l'écriture est un ensemble de symboles visuels codés permettant l'échange d'informations entre individus, la constitution, une description écrite de ce qu'est un groupe humain vivant sous les mêmes lois.

Les paramètres d'un Outil conditionnent notre façon de penser. Par exemple, dans le langage, ce n'est pas je pense telle chose donc je lui donne tel nom, mais je lui donne tel nom donc je pense telle chose. En donnant le nom d'individu humain à un homme ou à une femme, par définition, il n'est possible de les subdiviser en des ensembles plus petits. Homme et femme forment chacun de leur côté des corps séparés l'un de l'autre. Si nous parlions par exemple de composante humaine, au lieu d'individu humain, nous verrions les hommes et les femmes comme partie d'un tout. En l'occurrence, l'espèce humaine.

Les Outils ne conditionnent pas seulement notre pensée, ils sont les moteurs de toutes les révolutions et ruptures historiques.

Pas de protestantisme sans imprimerie, pas de fascisme sans télévision, pas d'émancipation des femmes sans la pilule contraceptive, pas de chute du communisme sans Internet.

De la même manière, dans le monde animal, mâle et femelle sont deux Outils différents. La reproduction sexuée est une technique très avancée qu'a trouvée le Vivant durant 1,5 milliard d'années, pour s'adapter de façon plus efficace à son environnement. L'avantage principal de la reproduction sexuée est entre autres le brassage et la diversification génétique ; la compétition inter et intrasexuelle permettant la reproduction des plus adaptés. C'est aujourd'hui le mode de reproduction le plus étendu dans le monde du vivant, en dehors des virus.

Mâles et femelles sont traversés par le même instinct lié au Vivant : prospérer. La différence majeure entre mâle et femelle est, même s'il existe de très rares exceptions, que la femelle porte en elle la progéniture. C'est elle qui prend le plus de risques durant la reproduction sexuée, de par sa fragilité relative durant le temps de gestation.

De là, se crée deux stratégies de survie différentes : pour le mâle, une stratégie de puissance et pour la femelle, une stratégie de protection.

Contrairement aux idées reçues, c'est la femelle qui est en position de force et qui sera très sélective vis-à-vis du mâle avec lequel elle choisit de s'accoupler.

En effet, sachant la charge qu'est la gestation, la femelle ne peut se permettre de se reproduire avec n'importe quel mâle, d'autant qu'elle est doublement limitée dans le temps : un cycle long d'ovulation qui s'arrête au bout d'un certain âge. Une pression intersexuelle la pousse à choisir le bon mâle, qui transmettra les meilleurs gènes à sa progéniture, évitant au possible les mort-nés, ou les malades.

Le mâle, dont la spermatogenèse dure tout le long de sa vie, est soumis à une tout autre pression. Elle est d'abord intrasexuelle. Une compétition à mort se joue entre les mâles entraînant dans la majorité des cas une violence nécessaire. Cette pression, constante durant toute la vie d'un mâle, permet de filtrer le nombre de candidats auprès de la femelle. Elle engendre automatiquement une espérance de vie du mâle bien moindre que celle de la femelle.

Il est courant dans le règne animal que la femelle soit moins caractérisée physiquement, au contraire du mâle, qui peut afficher des caractères sexuels secondaires allant jusqu'à l'exubérance du paon. Cette stratégie de puissance chez les mâles peut aller jusqu'à des combats à mort entre lions dominants ou à une composition artistique de l'oiseau jardinier, rassemblant fleurs, tiges, et feuilles, au regard, parfois très sévère de la femelle.

Homme et femme, que nous l'acceptions ou non, nous n'échappons pas à ces règles du vivant. D'autant que chez la femme, la gestation dure neuf mois, soit un des temps proportionnellement les plus longs dans le règne animal.

L'originalité, indéniable, est que ces Outils mâle et femelle s'expriment aussi en nous d'un point de vue culturel, dans toutes ses facettes possibles et imaginables.

Jouet du Vivant, entre guerres et prospérité, l'espèce humaine a fait civilisation.

GRANDEUR ET ESPÉRANCE

Il y a six mille ans, le Sahara vert devint désert. Les Hommes quittèrent leur paradis pour fonder la plus rayonnante et la plus prospère des civilisations, la civilisation égyptienne.

Au premier jour, la Loi fut. Au deuxième, l'Écriture. Au troisième, l'État.

L'Homme politique était né. La civilisation avec.

Des millénaires plus tard, l'Égypte passa sous domination musulmane et la loi de dieu soumit les hommes.

En 1798, un jeune général français, plein de volonté, débarqua à Alexandrie. Un choc de civilisations. La loi des hommes d'un côté et de l'autre, celle de dieu.

Mehmet Ali, alors vice-roi d'Égypte, intrigué par la pleine vigueur de cette civilisation, envoya des émissaires en France. L'Égypte entra alors dans la modernité.

En 1958, le président Nasser, qui avait comme modèle Napoléon et de Gaulle, unit son pays, l'Égypte, à la Syrie, autre terre de civilisation. Le monde arabe prit conscience de lui-même et vit en cet homme providentiel l'espérance incarnée.

Mon destin fut scellé.

Un charismatique médecin égyptien, nourri à la lecture de Camus et de Sartre, fit comme son modèle Nasser. Il s'unit à la Syrie en épousant une belle ingénieure syrienne aux yeux bleus.

Ce jeune couple empli d'espoir s'installa en France. Je naquis. La boucle fut bouclée.

L'Histoire de France traversa chacune de mes cellules et ma conscience politique s'électrisa. Mais l'histoire se répéta.

Tout comme la séparation de l'Égypte et de la Syrie en 1961, mes parents firent de même. Ma mère resta en France et je vécus pendant six ans dans les faubourgs du Caire, tout en poursuivant mon instruction dans une école française.

Je découvris enfin les lois de la physique et ma conscience put s'élargir à tout l'Univers.

Le Cosmos, la Terre, le Vivant, l'Humanité et les Nations.

Charles FERRUS est le nom de citoyen français que je me donne.

J'ai été successivement étudiant en Physique, en Cinéma, caissier, dessinateur, auteur, réalisateur, publicitaire, romancier, entrepreneur, cuisinier, restaurateur et petit commerçant sur les marchés.

D'origine modeste, je vois sans cesse la mort de mes proches depuis 2011. Dans ce chaos, pour continuer à étudier et à écrire, je n'ai pu que compter sur l'aide de l'État français, sans lequel, je n'aurai pu survivre.

À 24 ans, j'écrivis un manifeste politique pour réfléchir le citoyen contemporain. Époque où je ne comprenais pas encore le lien entre individu, peuple et nation.

Les croyances qui me guident sont l'intellect et la volonté politique.

Cette volonté politique s'incarne dans un Homme, qui au-delà des passions individuelles, réconciliera son peuple par une séparation stricte entre vie privée et vie publique puis l'unifiera enfin dans une destinée commune.

Cet héritage culturel qu'est le mien ne vient pas de nulle part, mais au contraire, c'est bien la civilisation française qui irrigue cette pensée.

La clé de la prospérité des siècles à venir sera portée par toutes les volontés croyant en la grandeur de cet idéal qu'est la Cité Française.

Il ne s'agit plus de faire la révolution, mais de la finir.

COMPRENDRE

Finir la Révolution Française mène à un changement de régime.

Le Citoyennat est l'ultime régime. Le plus créateur d'unité, de stabilité, le plus juste et celui qui tient le plus compte de la complexité du monde.

Produit d'une histoire complexe, le régime du Citoyennat se base sur une idée simple : la Cité Française.

Mais pour comprendre pourquoi finir la Révolution Française mènera l'Humanité vers la Grandeur et l'Espérance, il faut comprendre les cinq histoires qui font l'Homme pour finir avec l'Histoire de France et sa destinée.

Histoire et Lois du Cosmos

Il y a 13,8 milliards d'années, une onde primordiale accoucha de l'Espace et du Temps. Des particules énergétiques se formèrent. Depuis, l'Univers se refroidit et son entropie augmente.

Sous l'effet d'une force d'attraction, les particules s'agrégèrent pour former les atomes, briques de la terre et du vivant.

Au sein de milliards de galaxies, des étoiles s'allumèrent puis autour, des planètes se condensèrent.

La Terre, notre maison, n'est qu'une planète moyenne, gravitant autour d'une étoile moyenne, comme il y en a tant d'autres dans l'Univers.

La force électromagnétique est celle qui explique la propagation de la lumière.

La force d'interaction forte permet la cohésion des atomes.

La force d'interaction faible est celle qui explique les phénomènes de radioactivité.

La force gravitationnelle est celle qui engendre l'attraction entre deux corps massifs.

Les lois du cosmos nous transcendent. Nous ne pouvons ni les modifier ni les contester. Toutes les autres lois lui sont soumises. Ainsi les lois de la chimie obéissent aux lois de la physique, et les lois biologiques obéissent aux lois chimiques, donc aux lois physiques.

Mais la clé de l'évolution de l'Homme a été de comprendre ces lois pour survivre à un environnement.

Histoire et Lois de la Terre

Il y a cinq milliards d'années, dans une galaxie quelconque, une étoile s'effondra sur elle-même.

Sous le coup d'un souffle explosif, une nébuleuse de poussières s'éparpilla.

Sur des millions d'années, 99 % de la matière s'aggloméra puis son cœur entra en fusion : notre Soleil était né.

Le pourcentage restant devint Mercure, Vénus, Mars, Jupiter, Saturne, Uranus, Neptune et bien sûr notre jeune Terre.

Notre planète était alors un enfer : frappée sans cesse par des météorites, les températures étaient extrêmes. Le rouge dominait.

À peine formée, la jeune Terre fut écrasée par une petite planète. Des milliards de tonnes de matières furent expulsés dans le cosmos, qui bientôt deviendront la Lune.

Notre planète se refroidit, un début d'atmosphère se forma. De la vapeur d'eau se condensa dans l'atmosphère et arrosa pendant des millions d'années la Terre : les premiers océans étaient nés.

La Terre a eu et aura toujours une activité géologique intense. D'un noyau en fusion à la tectonique des plaques continentales, la Terre est un astre plein de vie. Des continents fusionnent, des chaînes de montagnes naissent.

Son climat dépend d'une infinité de propriétés : sa position relative au Soleil, l'inclinaison de l'axe de la Terre par rapport à l'axe Soleil-Terre, les forces de marées dues à la Lune et aux planètes à proximité, les courants marins. Mais aussi à l'activité interne de la Terre qui s'exprime sous la forme d'activité volcanique, de tremblements de terre et de tsunamis. Sans oublier les évènements irréguliers et chaotiques tels que des chocs d'astéroïdes et de météorites.

Tous les 40 000 ans, le climat de la Terre passe d'une période glaciaire longue, où la température globale chute considérablement, à une période courte dite interglaciaire, où les températures globales remontent.

Depuis 12 000 ans, nous vivons dans une période interglaciaire qu'on nomme Holocène. Les mêmes 12 000 années où l'aventure humaine prit son envol.

Histoire et Lois du Vivant

Parmi les atomes les plus abondants dans l'univers se trouvent : l'hydrogène, l'hélium, l'oxygène, le carbone et l'azote.

Il n'est ainsi pas étonnant que les atomes qui constituent le Vivant soient en très large majorité l'hydrogène, l'oxygène, le carbone et l'azote.

Le carbone est l'élément primordial du Vivant. Tout simplement parce qu'il est tétravalent, c'est-à-dire que c'est quasiment le seul atome, qui peut se lier à quatre autres atomes en même temps et former ainsi des chaines moléculaires complexes.

L'eau, composée d'hydrogène et d'oxygène, est fondamentale à la Vie. Outre sa capacité dissolvante, elle possède de nombreuses propriétés dont la bipolarité, permettant des associations complexes entre molécules.

Il y a 4 milliards d'années, au fond des océans primordiaux, les volcans des abysses furent des usines chimiques à molécules complexes.

Les premières briques de la matière se formèrent : les acides aminés. Les protéines furent constituées, puis l'ARN et enfin l'ADN, cette fameuse double hélice codant un répertoire génétique.

Les premières formes de vie apparurent : les virus et les bactéries unicellulaires.

Les bactéries se divisèrent en cellules filles. Différents métabolismes se mirent en place dont la photosynthèse, c'est-à-dire l'utilisation de la lumière solaire comme source d'énergie. Ces cellules absorbèrent le gaz carbonique et rejetèrent massivement, durant des millions d'années, de l'oxygène, amenant l'atmosphère à celui qu'on connait aujourd'hui.

Le Vivant résista de mieux en mieux à son environnement en se dotant d'une membrane.

Un milliard d'années plus tard, la sexualité cellulaire naissait : une cellule mâle et une cellule femelle partagèrent leur patrimoine génétique pour donner naissance à une cellule fille.

La sexualité est le mode de transmission de patrimoine génétique le plus utilisé dans le monde du vivant. Elle permet une meilleure adaptabilité de la cellule à son environnement en corrigeant le code génétique par le mélange de la cellule père et mère.

Les cellules s'agrégèrent pour former des formes de vie complexes.

Les gamètes mâle et femelle ont longtemps été isogames, c'est-à-dire de taille et de morphologie identiques.

Une mutation due à la sélection naturelle brisa la symétrie entre les gamètes mâle et femelle : le gamète femelle devint inversement plus grand que le gamète mâle, favorisant une sélection intra et intersexuelle. Des caractères sexuels secondaires émergèrent, expressions d'un bon partenaire sexuel et en bonne santé.

Entre les femelles et les mâles se joue une tension permanente pour la reproduction de leurs propres gènes. Les femelles, qui portent la charge de la progéniture, poursuivent une stratégie de protection. En effet, son nombre de gamètes est limité le long de sa vie, elle n'est féconde que périodiquement et elle est mise en danger durant le temps de la gestation. La femelle, occupée par cet investissement lourd fera tout pour la survie de sa progéniture.

Le mâle, pour mieux se différencier et être le plus susceptible de se reproduire, est sous la pression permanente de la stratégie de puissance. Cette stratégie épuisante le poussera à prendre tous les risques pour se reproduire et ainsi, assurer sa descendance.

Bientôt des poissons primitifs sortirent de l'eau pour se nourrir. Le Vivant se diversifia durant des milliards d'années : insectes, dinosaures, mammifères.

Puis, extinctions successives de 99 % des espèces lors de crises géologiques.

Il y a 65 millions d'années, un astéroïde se fracassa et un nuage se répandit sur la Terre. La température chuta, la Terre devint une boule de glace. Les dinosaures qui avaient régné sur le monde animal pendant des centaines de millions d'années disparurent.

Un petit rongeur survécut et devint l'ancêtre des mammifères. Donc, notre ancêtre.

La loi du Vivant se résume à un mot : Prospérer.

Histoire et Lois de l'Humanité

Nous sommes des mammifères. Comme les dauphins, les baleines, les loups, les chiens, les chats et souris, nous sommes porteurs de mamelles pour allaiter nos progénitures respectives.

Nous avons en nous, comme dans le monde vivant, y compris le monde végétal, une violence nécessaire à la survie de chaque espèce.

Les guerres inter et intra espèces au sein de la biosphère sont terribles. Au Jeu de la Vie, nous sommes toujours perdants, mais la Vie elle-même, répondant à sa propre loi, c'est-à-dire prospérer, donc s'adapter, muter, se propager, est la grande gagnante.

Nous sommes ainsi les jouets du vivant.

Il y a sept millions d'années, une espèce de mammifère, ancêtre commun aux Hommes et aux grands singes, se propagea en Afrique.

Curieuse, plus elle s'intéressait à son environnement, plus elle évoluait en donnant des sous-espèces.

Un bout de bois devint la prémisse de l'Humanité. Comment ce bout de bois devint pour notre ancêtre commun autre chose qu'un bout de bois, nul ne le sait.

Un bout de bois, on le tient : le pouce devint opposable.

Un bout de bois permet de tenir plus longtemps debout : la colonne vertébrale se redressa, les pattes arrières s'allongèrent pour devenir des pieds, ce qui permit un meilleur équilibre en position debout. Les fémurs se biaisèrent et s'allongèrent pour mieux supporter la charpente.

Avec un bout de bois, un ennemi mortel peut être chassé, voire tué de loin, en minimisant les risques.

Une fois notre ancêtre commun redressé, son champ de vision était plus large, les dangers plus visibles donc prévisibles. Les sources de nourritures étaient plus facilement repérables.

Pour traiter ce grand nombre d'informations, sa boîte crânienne s'élargit sous la pression d'un cerveau de plus en plus grand.

Le bois se cassait facilement, on se tourna vers un matériau plus dur : la roche. La roche était réutilisable et permettait de casser les fruits à coques. En la frottant, on la tailla. Le pointu tua et découpa. Les peaux d'animaux nous protégeaient durant les hivers rudes. Le climat n'était plus un problème.

La foudre éclata, des feux de forêt se déclarèrent. Quel effroi infini pour les animaux.

Un de nos lointains ancêtres, toujours aussi curieux, tendit avec courage son bâton et vit qu'il pouvait manipuler et transporter le feu.

Après avoir domestiqué la matière, on domestiqua l'énergie. Donc l'Espace et le Temps. L'Espace d'abord : près du feu de camp, les liens sociaux et la coopération de groupe se renforcèrent. Le Langage était né. Le Temps, car nous étions libérés du cycle jour-nuit par la lumière du feu, qui avait aussi le bénéfice d'éloigner et de mieux repérer des prédateurs potentiels.

Un ancêtre cuisinier eut l'idée de jeter un bout de chaire dans le feu et le goûta. Plus facile à mastiquer et à digérer. Plus de calories, moins de toxicité. De même pour les plantes. L'étendue des possibles pour se nourrir devint sans limites.

Une fois cuits, les aliments ne nécessitent plus une mâchoire aussi proéminente. Elle se rétracta au profit de la boîte crânienne qui grossissait pour traiter toujours plus d'informations, de plus en plus complexes.

La Bête créa l'Outil. Et l'Outil créa l'Homme.

Histoire et Lois des Nations

Chasseurs, cueilleurs, l'Homme se spécialisa. Au sein du groupe, certains s'occupaient de l'entretien du feu, d'autres du polissage des roches, pendant que d'autres tannaient la peau des bêtes. Les plus aptes à chasser s'organisaient pour voyager durant plusieurs semaines pour trouver leurs proies.

Des innovations naissaient dans certains groupes. Les rencontres avec d'autres groupes, parfois amicales et souvent violentes, permettaient le transfert de ces innovations et leurs améliorations.

L'Homme était fin prêt à conquérir le globe.

Les pieds sur terre, la tête dans les étoiles, l'Homme sentait qu'il faisait partie d'un tout.

Il y avait l'atteignable, la terre, les animaux, les plantes, les roches, les ruisseaux et l'inatteignable, ce rond lumineux le jour et ce rond lumineux la nuit. Une fois la nuit tombée, des milliers de points lumineux dansaient dans le ciel obscur.

Le plan des hommes était confondu avec le plan terrestre et le plan cosmique.

Et puis il y avait nos morts. On les enterrait dans l'un pour qu'ils rejoignissent l'autre.

Après les pluies, la boue. En marchant dessus, la trace de nos pas. On s'amusa à enfoncer ses mains, puis un doigt. On traça une ligne. Un cercle. On gribouilla. On représenta. On conceptualisa. L'artiste était né.

Mais dès le lendemain, la pluie effaça tout.

L'homme mourrait, la technique persistait. Après la boue, pourquoi pas la roche. Avec un silex pointu, on tailla la roche. On dessina un visage. Un visage d'homme. La preuve de la conscience de soi.

Et puis pourquoi s'arrêter là ? En taillant encore plus la roche, on pouvait lui donner la forme que l'on souhaitait. Qu'est-ce qui inspire les hommes ? Les femmes. On sculpta des corps de femmes, pratique à transporter lors des longs voyages de chasse, séparés de leurs tendres et chères moitiés.

Durant les hivers rugueux, on s'abritait dans des grottes. Un fruit dégoulina sur une barbe qui devint rouge. On s'amusa avec le jus et on dessina sur la roche. On écrasa des fruits et des plantes et on obtint différentes couleurs. On composa. On dessina. Des ours, des rhinocéros, des chevaux.

L'Homme s'était toujours senti seul dans le règne animal, mais un jour, à l'odeur de viande grillée, un louveteau malade et affamé passa près d'un camp. D'abord effrayé, un enfant se prit pitié de lui. Le louveteau tenta de le mordre, mais l'enfant le caressa. Il se laissa faire. L'enfant ressentit une grande joie. Il lui donna son bout de viande. Le louveteau l'arracha et s'enfuit. L'enfant fut triste. Le lendemain, le louveteau revint. Tout recommença. Mais au bout de la troisième fois, le louveteau ne partit pas. Il resta près de l'enfant et de sa tribu. L'enfant lui donna un nom et la louve donnera lui bientôt un louveteau. Le début d'une belle histoire d'amitié gagnant-gagnant entre l'Homme et le chien.

Toujours en pleine période glaciaire, l'Homme ne pouvait encore imaginer la remontée prochaine des températures. Malgré une meilleure adaptation au froid grâce à la tannerie et à la confection d'habits chauds, il faisait encore trop froid pour le décollage de la civilisation humaine. Pour survivre, il fallait toujours courir derrière de nouvelles ressources.

En attendant, l'espérance de vie augmentait. Apparut ainsi, la première génération d'enfants à connaître leurs grands-parents et à être élevée par eux. Dans un monde dangereux, on reconnaissait aux anciens une aura toute naturelle. N'étaient-ils pas ceux qui avaient survécu aux périls mortels ? Ceux qui pouvaient transmettre les techniques de chasse, de tannage, de dessin et de sculpture ? Et cette vieille femme, ne savait-elle pas quelle baie était mortelle et laquelle était comestible ? Et s'ils en savaient autant, ne pouvait-on pas leur faire confiance lorsqu'ils nous racontaient l'origine du monde ?

Ah l'origine du monde ! L'enfant ne venait-il pas d'un père et d'une mère ? Qui venaient eux aussi d'un père et d'une mère ?

Comment ne pouvait-on pas se rappeler ce jour où un chasseur lointain dans le temps avait tué d'une main un ours ?

Ou d'une lance ? N'était-ce pas plutôt d'une roche ? Nul ne le sait, mais la légende était restée. Et puis nous étions tout petits, nous, dans notre plan des hommes, face au plan terrestre et au plan cosmique. Qui ne pouvait pas être terrifié par le rugissement d'un ours ? N'était-il pas animé d'un esprit puissant ? De même pour cette chose qui rampait sur son ventre et qui en mordant un de nos ancêtres l'avait tué du jour au lendemain

Et surtout ce point jaune dans le ciel, que l'Homme ne pouvait regarder sans se brûler les yeux et qui permettait de voir et de se réchauffer. Chaque jour, il naissait et il mourrait. Comme nous. Mais pour renaître, il devait être bien plus puissant que nous, car jamais, nous n'avons vu renaître l'un des nôtres, à part dans les astres. Ou peut-être nos morts renaissaient dans le plan terrestre en s'incarnant dans les animaux. Ce chien, n'avait-il pas des traits caractéristiques d'un être cher, récemment décédé ? Son esprit était sûrement passé dans cet animal. Et puis, un membre de la tribu était aussi rustre et sauvage qu'un ours, c'était bien qu'il avait l'esprit d'un ours en lui. L'autre ressemblait à un renard et lui à oiseau avec son nez d'aigle.

Le vent poussait trop fort ? Il devait y avoir une raison. Un éclair déchirait le ciel ? Une autre raison. Tout naissait, tout s'animait et tout mourrait. Tout était vivant et la vie était dans tout.

Ces points blancs et lumineux qui enveloppaient la nuit devaient aussi avoir une raison d'être là. C'étaient sûrement nos aciens qui s'étaient élevés dans le plan inatteignable, le plan cosmique.

En douce, la température augmentait, les glaciers reculaient, le niveau des eaux s'élevait.

Un « déluge » qui resta dans les mémoires. Les étés étaient plus chauds, les jours plus longs. On avait plus de temps pour observer et expérimenter.

Un gland tomba sur la tête d'un homme. Le lendemain, le gland était sous terre. Une semaine plus tard, le gland avait germé. L'homme imita la nature, planta et récolta. La révolution de l'agriculture était lancée. Révolution ? Non, ce fut une rupture dans l'histoire humaine.

Pour la première fois, nous comprîmes un mécanisme naturel et nous le répliquâmes. Pour la première fois, nous avions le contrôle sur nos ressources alimentaires et pour la première fois, nous n'étions plus obligés de voyager après épuisement des ressources locales.

On rata plusieurs fois, mais on comprit enfin le cycle des saisons. Les graines poussèrent et nourrirent de nombreuses familles.

Les champs de culture attisèrent surtout la convoitise des tribus rivales. Il fallut s'organiser.

Un homme charismatique prit le commandement de six de ses plus courageux chasseurs, les arma et les prépara à la défense des champs de culture. La vie de la tribu était en jeu.

Lorsque la tribu voisine attaqua, les hommes défendirent vaillamment le champ et repoussèrent leurs ennemis. Leur chef était mort. Il entra dans la légende.

L'armée était née. Et avec la hiérarchie et la chaine de commandement.

Le début de la rationalisation des relations humaines et de la division du travail.

Le champ d'agriculture était devenu le centre de toutes les attentions. Le bien le plus précieux. En utilisant de la boue séchée et de cailloux, on bâtit des grottes artificielles près du champ pour que la tribu s'y établisse de façon permanente.

Les attaques des tribus concurrentes ne cessaient pas. Les hommes, éprouvés demandèrent à recevoir plus de nourriture pour leur famille. Le salariat était né et la répartition équitable au sein des premières tribus de chasseurs-cueilleurs se rompit. Par la force ou par la séduction, certains obtinrent des faveurs et s'enrichirent.

Tandis que la condition de certains se dégradait, leur seul moyen de subsistance était d'obéir aux possédants.

L'espérance de vie continuait d'augmenter, les naissances se démultipliaient, les habitations pullulaient près des nouveaux champs défrichés. Certaines tribus se joignaient à la tribu originelle, les autres étaient faites prisonnières.

Mais dans cette lutte à vie, trop de conflits gâchaient encore cette protocité. Il était nécessaire de rationaliser encore plus les relations entre les hommes. On réunit les anciens et les possédants et on décida, par essai et erreur, de règles communes. La Loi était orale. Sans punition, personne n'écoutait et le désordre se poursuivait. On punit de mort toutes et tous ceux qui n'obéissaient pas à la Loi. Le désordre se résorba et la Vie se propagea davantage.

La Cité était née. Le début de la Civilisation humaine.

On parlait le même langage, on obéissait à la même Loi, on s'habillait communément, l'architecture était identique, la géographie locale façonnait les mœurs et les coutumes, les mêmes histoires et premiers mythes circulaient au sein de la Cité.

Un même inconscient collectif. Un même peuple en construction. Une même nation en devenir.

Notre instinct de chasseur-cueilleur, qui nous pousse à l'exploration, était intact. Alors on envoya des militaires au défrichement de nouveaux territoires. Une autre cité naquit. De nouvelles richesses furent accumulées. D'une armée défensive, on passa à l'offensive. On massacra, viola et vola.

Des héros naissaient des deux côtés. Des conflits héréditaires entre cités se perpétuèrent. Une fois, on attaquait, une autre, on était attaqué.

Pour une maison brûlée, trois maisons étaient aussitôt construites.

La vie se moque bien de nous, car dans nos malheurs, elle continue à se propager. Dans les guerres, les richesses immatérielles étaient les biens le plus précieux. On améliora les techniques pour construire, pour s'armer, pour se défendre et surtout pour avoir un meilleur rendement des champs de cultures.

Certaines cités, à force de s'étendre, finissaient par fusionner, voire par s'engloutir. Les us et coutumes s'uniformisaient.

Lorsque qu'un possédant meurt, se pose la question de la répartition des richesses. Que faire de l'héritage ? Pourquoi faire la différence entre ses enfants ? Quels que soient leurs sexes, le défunt père ou la défunte mère prescrit avec justice des parts égales à leurs enfants. Mais lorsqu'on possède, on en veut toujours plus. Alors les frères et sœurs unis dans le deuil finirent par se disputer. Les règles étant orales, elles changeaient au grès des personnes d'autorité, les oncles, les grands-parents, les responsables de la cité. Les disputes pouvaient aller loin, jusqu'à tuer son frère ou sa sœur pour posséder encore plus. Le chaos grandissait, il fallait une loi claire.

Le chef de la cité, qui avait assis son autorité sur ses concitoyens, après concertation avec ses conseillers, décida que ce sera l'ainé des enfants qui héritera dans telle cité. Dans une autre cité, un autre chef décida que chaque parent devait choisir avant de mourir, lequel de ses enfants recevra son patrimoine. Le testament oral était né. Puis on testa et on rectifia.

De la propriété émergea l'inégalité.

Les structures familiales changèrent et s'adaptèrent. Dans certaines cités, les femmes étaient sacralisées. Dans d'autres, les hommes obtenaient plus de privilèges. Ici, c'était l'autorité du père qui était sacrée, là, celle de la mère.

Plus la cité s'agrandissait, plus la lignée des chefs se mystifiait. Le pouvoir crée le désir. Alors on se battait pour préserver son autorité. Certains mourraient assassinés et des usurpateurs prenaient le relai. Leur manque de légitimité accéléra leur propagande. S'ils étaient chefs, c'est que le cosmos en avait décidé ainsi. Après obtention de faveurs, le chef spirituel ne l'avait-il pas confirmé ? Pourquoi le cosmos n'en aurait pas décidé ainsi ? Pourquoi pas, moi, chef de la cité, n'étais-je pas directement un enfant du cosmos, à qui incombait la tâche divine de diriger ces enfants de la terre. Non seulement moi, mais ma femme, mes enfants, puis les enfants de mes enfants. Une lignée royale émergea dans cette cité, une autre émergea ailleurs.

Des statues de la famille royale peuplèrent la cité. S'ils étaient partout, c'était qu'effectivement, ils devaient être les enfants du cosmos. Le peuple leur devait pleine obéissance. Pour assoir encore plus son autorité, on construisit des monuments à la gloire du roi. À chaque bataille, on raconta comment le roi avait été héroïque. Puis la légende muta. Des siècles plus tard, le roi était devenu le fondateur de la cité. Pourquoi s'arrêter là ? Il était même fondateur du monde. Son créateur. La reine aussi. Ils furent divinisés. Un culte officiel se mit en place. La hiérarchie dans la cité, que l'on connaissait si bien depuis des siècles, se diffusa dans le culte.

Pour les chasseurs-cueilleurs, le plan des hommes était confondu avec le plan terrestre et le plan cosmique. Avec la cité, nous dominions la nature, les animaux, les matériaux, c'était bien que le plan des hommes était au-dessus du plan terrestre. Mais tous les hommes de la cité ne se valaient plus, il y avait des dieux vivants et des paysans. Ainsi, le plan cosmique, celui des dieux anthropomorphes, était bien au-dessus du plan des hommes.

La cité fit transmuter l'animisme en polythéisme.

L'instinct de chasseur-cueilleur poussait toujours les hommes à l'exploration. Ils emportaient avec eux leurs traditions et légendes. D'autres cités naissaient, les langues mutaient, les divinités aussi.

Mais quelque chose clochait encore. La mémoire des hommes était défaillante. Celles et ceux qui devaient s'occuper des informations liées aux récoltes agricoles, oubliaient, mentaient, s'arrangeaient. Il fallait rationaliser le processus, d'autant que l'agriculture était le point vital de la cité. Depuis des millénaires déjà, on savait laisser des traces sur les murs, créer un négatif dans de la boue, sculpter des pierres. Et si on se mettait d'accord pour qu'un trait inscrit dans l'argile veuille dire UN. Deux traits, deux. Puis un carré, ce sera la maison. Un rond, ce sera le dromadaire. À chaque dessin correspondait un mot du langage courant. L'écriture était en train de naître. La civilisation allait pouvoir s'accélérer.

Pour la première fois de leur histoire, les hommes passèrent d'une mémoire biologique, celle du cerveau, à une mémoire matérielle, physique et inaltérable dans le temps. De l'écriture, dépendait la survie de tous les hommes, les femmes et les enfants de la cité : un véritable avantage comparatif.

Les guerres entre cités se poursuivaient, les techniques s'échangeaient et s'amélioraient.

Puis pourquoi seulement compter lorsqu'on peut raconter ? Les légendes orales devinrent écrites, ce sont elles qui survécurent à toutes les autres et qui demeurèrent éternelles jusqu'à nos jours.

Les conquêtes s'accélérèrent, l'autorité royale soumit plusieurs cités voisines. Un premier empire naissait. Plus loin, un autre empire à l'état d'embryon venait d'être dévoré par un puissant rival.

Des siècles durant, s'adaptant aux climats et aux géologies locales, les masses humaines divergèrent génétiquement, linguistiquement et culturellement.

Un individu naissait ainsi dans un peuple qui lui transmettait légendes et règles communes.

Le Peuple fait la Nation et la Nation fait le Peuple.

Une Nation est ainsi une entité vivante, émergente des actions et réactions du peuple la constituant. Elle est motivée par les mêmes forces vitales qui traversent végétaux et animaux : se nourrir, jouir, se reproduire.

Toutes les Nations sont traversées par ce même désir de perdurer, de conquérir et de rayonner. Les guerres, la violence, propres du vivant, ne sont que les moyens d'arriver à ses fins. Elles se battent à mort, fusionnent, mutent jusqu'à assèchement de la sève vital qui traversent ces nations. À l'assèchement total, les masses survivantes aux massacres s'éloignent et les centres de civilisation se déplacent dans les périphéries.

Les structures familiales mutaient dans les anciennes civilisations, la société se verrouillait. Des évènements climatiques et géologiques impactaient négativement puis positivement les nations. De nouveaux outils voyaient le jour et changeaient les rapports humains. Armements, irrigations, transport et surtout la roue.

Tous les flux s'intensifiaient : énergétiques, ressources naturelles, humains, communications et connaissances. L'imprimerie mécanique de Gutenberg accéléra les échanges humains. Des siècles plus tard, l'ordinateur et Internet bouleversèrent une nouvelle fois l'Histoire en permettant d'inscrire histoire et savoir dans une mémoire numérique bien plus puissante et utile qu'une mémoire matérielle.

Là où les flux se densifient se trouvent les Nations les plus vivaces et les plus en formes.

Les Nations naissent, grandissent puis meurent. D'autres naissent sur la tombe des anciennes nations.

La Vie est toujours gagnante.

Matrice de France

Qu'est-ce que la France ? Un peuple celtique se rêvant romain et gouverné par des Germains christianisés.

Les Celtes, qui vivaient en Europe de l'Ouest, étaient un peuple au fond culturel commun, décentralisé, tenu comme partout ailleurs par ses trois ordres : l'aristocratie obéissant au chef, les druides qui faisaient le lien entre les plans cosmique, terrestre et celui des hommes, et les artisans et paysans qui occupaient tous les corps intermédiaires de métiers.

Un peuple bon vivant, à la tradition orale, aimant déjà la joute oratoire, la musique et tout autant ingénieux dans la confection d'habits et dans la métallurgie.

Et bien sûr un peuple aimant faire la guerre. Alors que Rome était encore une jeune république, une coalition de peuples celtiques pourfendit toute l'Europe jusqu'aux confins de l'actuelle Turquie.

Les Romains vécurent un véritable traumatisme national, lorsqu'en 390 av. J.-C., les Gaulois descendirent sur Rome, pillant et massacrant tout ce qui leur faisait face. Les Grecs eux, les connaissaient déjà bien assez, car deux siècles auparavant, ils avaient fondé un comptoir sur leur territoire ainsi qu'une ville, Massalia, bientôt Marseille. Connaissant leur valeur aux combats, les Grecs employaient les Gaulois, qu'ils nommaient Galates, comme mercenaires ou bien les Gaulois eux-mêmes s'assimilaient aux cités grecques en recevant terres et tributs.

Les Romains, eux, n'avaient jamais oublié la mise à sac de Rome par les Gaulois.

Trois siècles et demi auparavant, Rome n'était qu'une zone marécageuse près du fleuve Tibre, dans la région du Latium. La péninsule italique était alors habitée par divers peuples dont le plus brillant était celui des Étrusques, qui vivaient dans la région de la Toscane actuelle, dont le nom dérive.

Des laissés pour compte, des apatrides et des brigands s'y retrouvèrent dans une communauté d'intérêts. Ils se trouvèrent un chef, du nom de Romulus, qui par conquêtes devint auprès de ses hommes, une légende vivante. Une cité prospère sans femmes était bien sûr inenvisageable. Alors, les hommes de Romulus attaquèrent le peuple voisin, les Sabins et capturèrent toutes les filles et les femmes. Refusant de voir leurs fils et maris mourir, dignement, les Sabines acceptèrent de rejoindre ce jeune peuple en naissance.

La merveilleuse machine à conquérir, Rome, était lancée.

Pendant deux siècles et demi, Rome était gouvernée par des Rois. Le Rex, dont le mot rectitude dérive, était le garant du droit de la cité et de la prospérité de ses concitoyens. Comme toujours, une cité prospère profita aux premiers arrivants, qui devinrent les familles les plus anciennes et les plus riches. Lorsqu'on est riche, il est logique de vouloir défendre ses propres intérêts et d'avoir son mot à dire sur les décisions de l'État. Alors, les Patriciens, les familles les plus anciennes et les plus riches, exerçaient leur influence dans les assemblées dont la plus prestigieuse, celle du Sénat Romain, où les plus âgés des Patriciens débattaient auprès du Rex. Aucun monarque dans l'Histoire, aussi absolu soit-il n'a et ne pouvait gouverner seul.

Les autres citoyens romains de faibles conditions, majoritaires, formaient la Plèbe. Ayant avalé et digéré le glorieux peuple étrusque ainsi que ses élites, il ne tarda pas avant que les premiers rois d'origine étrusque prissent le titre de Rex. Peuple raffiné, cultivé, et donnant une place prépondérante aux femmes étrusques, il lança Rome sur la voie de la majestuosité. Amélioration des techniques militaires, l'urbanisme, la culture des vignobles et surtout son alphabet. Ce dernier dérivait de l'alphabet grec, lui-même dérivait de l'alphabet phénicien, inventé par un puissant peuple de commerçants venant du Liban actuel, et qui parsema la Méditerranée de villes comptoirs, dont la plus célèbre, malheureusement pour Rome, était Carthage.

Cet outil inventé par les Phéniciens, était si puissant par sa simplicité, à chaque symbole correspondait un son, que non contents d'avoir transmis leur alphabet aux Grecs, aux Étrusques puis aux Romains, ils donnèrent aussi son alphabet aux Hébreux et aux Arabes. Alors que l'écriture était depuis trois millénaires un art sacré réservé aux élites des cités, l'écriture phénicienne allait bouleverser toutes les structures sociales en se diffusant par le bas et en lançant le tout début de l'alphabétisation universelle.

Mais s'en était trop pour l'aristocratie romaine qui voyait d'un mauvais œil cette étrusquisation de mœurs et traditions romaines qui leur étaient sacrées. Doublés d'intérêts, les aristocrates destituèrent le Rex en 509 av. J.-C., et hasard du calendrier, un an plus tard, Clisthène instaura à Athènes ses fameuses réformes démocratiques.

La légende mythifia cet évènement fondateur dans l'histoire de Rome : la mise en place de la République romaine dont la devise fut SPQR, le Sénat et le Peuple Romain.

Ce nouveau régime, d'abord oligarchique puis qui se démocratisera partiellement sur cinq siècles grâce aux forces plébéiennes, n'était qu'en réalité que la continuation du régime précédent. Le Sénat fut maintenu et à la place du Rex, furent mis en place deux consuls issus eux-mêmes de l'aristocratie, pendant une durée limitée, et contrôlés par le Sénat.

Ainsi la Res Publica, la chose publique, avant de devenir une valeur romantique et universelle, n'était que le nom que les Romains donnèrent à leur régime étatique, un régime bâtard et réaliste évoluant au grès des évènements et des revendications de la Plèbe, qui obtiendra par la force d'avoir sa propre assemblée.

C'est en cela la véritable force des Romains que d'avoir su rationaliser leur mode de gouvernance, à travers un État stable doté d'institutions solides, s'adaptant constamment aux réalités géopolitiques.

Ainsi un État puissant se dote des capacités de rationaliser tous les flux nécessaires à la prospérité de la cité : flux d'eau, flux de nourritures, flux commerciaux, flux maritimes, flux routiers et surtout flux militaires.

Il y avait ainsi chez les Romains un pragmatisme et une capacité d'adaptation, leur donnant un avantage vis-à-vis de tous les peuples environnants, vivant encore dans des formes tribalistes. Sans avoir de régime démocratique à proprement parler, en sacralisant les lois de la cité, Rome permettait à tous ses citoyens, du plus riche au plus pauvre, de finir par trouver sa place. Dans sa devise, tout était dit : le Sénat, représentant des élites, des institutions et des traditions romaines, allié au Peuple Romain, c'est-à-dire l'ensemble des citoyens romains.

Les institutions sacralisées de Rome scellèrent l'alliance des élites et du peuple, pour que la cité aille dans le sens de la prospérité. Cet équilibre, très difficile à obtenir, s'il est rompu d'un côté ou de l'autre, mène toujours au chaos.

Bientôt la République romaine engloutit cité sur cité et sa politique devint pleinement impériale. Elle conquit tous les peuples italiques puis elle s'étendit jusqu'aux frontières des Alpes. L'armée romaine, ordonnée et stratégique, était invincible face aux impressionnantes armées barbares, qui plaçaient l'instinct et la force au centre de leur puissance militaire.

Plus les flux se rationalisaient, plus les richesses s'accumulaient. Et plus la prospérité s'accroissait, plus les conditions de vie entre citoyens divergeaient. Les aléas du climat, donc des récoltes, accentuaient encore plus la divergence des conditions de vie des citoyens.

Face aux révoltes successives, à la corruption généralisée et au pourrissement de l'intérieur des institutions, l'État devint instable.

Ainsi, en pleine expansion territoriale, Rome était menacée de disparaître de l'intérieur.

Alors que certains proposèrent des réformes pour atténuer la divergence des conditions de vie, inévitablement les classes les plus aisées qui avaient le plus à perdre, mirent tout leur poids politique pour conserver leurs privilèges. La République romaine entama son dernier siècle d'existence dans une guerre civile terrible entre les réformistes et les conservateurs.

Dans ce chaos généralisé, la légitimité de la tête de l'État, soit son bien le plus sacré, était fébrile. Comment continuer à rationaliser sans nécessité d'obéir ?

Les généraux romains entrèrent en scène. Par leurs faits d'armes et leurs conquêtes, leur autorité naturelle et leur propension à commander, donc ordonner, eux seuls pouvaient avoir le prestige et la légitimité pour remettre Rome dans le droit chemin.

Alors que la guerre faisait rage entre les partisans des réformes envers le peuple et ceux voulant conserver leurs privilèges, un jeune homme issu d'une famille noble mineure voyait déjà grand pour Rome.

Jules César, dont la famille avait subi la répression du terrible, mais efficace Sylla pour sa proximité avec le chef des Populaires, Marius, s'était exilé loin de Rome.

Après une éducation philhellène à la pointe et plusieurs exploits militaires, il monta au plus haut niveau de la fonction publique en devenant Grand Pontife, c'est-à-dire celui qui règle la vie religieuse au sein de la cité. Plus tard, il accéda enfin au titre de Consul.

Voyant que seule une conquête pouvait le couvrir de gloire et lui permettre d'imposer sa légitimité auprès des Romains, et se souvenant avec mélancolie qu'Alexandre le Grand avait déjà conquis la moitié du monde connu à peine 30 ans, alors que lui en avait plus de 40, César jeta son dévolu sur la Gaule.

L'Histoire de France pouvait commencer.

Après de multiples massacres, comme dans toutes les autres guerres et dans toutes les civilisations, Vercingétorix est battu à Alésia en -52 par César.

La Gaule allait pouvoir devenir intégralement romaine. La France sera toujours, dans son histoire, à la fois Vercingétorix, pour son esprit d'indépendance nationale et

César, pour son esprit de conquête, de grandeur et de civilisation universelle.

Mais bientôt, un autre homme, un quasi contemporain à César, aura une influence majeure sur la France et sur tout l'Occident, cet homme était Paul de Tarse.

Les guerres civiles romaines prenaient fin grâce au fils adoptif et neveu de César, Octave qui subtilement changea la nature du régime en renforçant le pouvoir exécutif et en centralisant le pouvoir au détriment de l'immobilisme des sénateurs. Les Gaulois s'assimilèrent très rapidement au mode de vie et au confort romain, seules deux révoltes eurent lieu. L'Empire unissait romains, gaulois, germains, hispaniques, grecs, syriaques, égyptiens et carthaginois au sein d'une même entité politique et pendant près deux siècles, la paix s'était imposée, la fameuse Pax Romana.

Mais à l'universalisme politique de Rome imposé par le haut, un autre universalisme se répandait pendant de longs siècles, par le bas.

Là où Rome a toujours eu une politique tolérante et assimilatrice des dieux des peuples conquis, seuls deux groupes ethnoculturels se refusaient à Rome.

Les peuples juifs d'abord qui se révoltèrent souvent face au pouvoir impérial romain, au prix de la destruction du royaume juif et de leurs temples sacrés. Et puis une secte dérivant du judaïsme et propagée par ce même Paul de Tarse, citoyen romain et grécophone.

Tel Platon qui fit par ses écrits de Socrate un martyr de la Philosophie et de la Vérité, Paul propagea l'histoire d'un Yoshua qui avait vu la Vérité en le seul Dieu, l'unique et il diffusa son message universel d'amour entre les hommes.

Là où le judaïsme puisait son originalité dans la consolidation d'un peuple exclusif par des marqueurs forts, Paul de Tarse et d'autres de ses camarades eurent l'intuition que pour parler aux autres peuples et pour faire de nouveaux adeptes, il fallait rendre son message inclusif à toutes les femmes et à tous les hommes.

« Il n'y a plus ni Juif ni Grec, il n'y a plus ni esclave ni homme libre, il n'y a plus ni homme ni femme, car vous tous, vous êtes un en Jésus-Christ. » Paul de Tarse.

Cette phrase, révolutionnaire pour son époque, porte en elle, les prémices de la Déclaration des droits de l'homme et du citoyen de 1789. La France comme nous le verrons bien plus tard, a été la seule nation, à réussir à combiner l'universalisme politique romain, celui du citoyen, et l'universalisme moral chrétien, celui de l'homme.

Le monde moderne, celui dans lequel nous vivons, n'est que le fruit de cette union improbable, découvert par les Français.

Le message chrétien est beau, donneur d'espérance pour les plus nécessiteux, ainsi nombre des premiers chrétiens convertis furent les esclaves, les défavorisés, les femmes et les mendiants. Mêlé à la Philosophie grecque, son message put se diffuser dans les classes dominantes et parmi les élites.

Trois siècles plus tard, l'empereur romain Constantin, qui avait déplacé sa capitale à Constantinople, l'actuelle d'Istanbul, fut à son tour touché par le message chrétien. Il interdit les persécutions contre les chrétiens et avant de mourir il demanda à être baptisé.

Constantin devint ainsi le premier empereur romain à mourir en chrétien. Quelques années plus tard, l'empereur Théodose fit du christianisme la seule religion d'État et interdit en même temps les anciennes pratiques polythéistes. Le christianisme d'état s'organisa en églises, d'ecclésia, c'est-à-dire assemblées, puis évêchés, selon une structure hiérarchique semblable à l'administration romaine. L'Église de Rome avait à sa charge, tout l'Empire Romain d'Occident.

La Gaule, après avoir été romaine, devenait à son tour chrétienne.

Mais là où l'aire grecque de l'Empire romain, donc l'aire orientale, était au fait de sa puissance et de ses richesses, l'aire latine, donc l'aire occidentale, a toujours été sous pression démographique des tribus germaniques vivant à l'est de ses frontières.

Ne trouvant plus assez de soldats romains pour ferrailler avec l'ennemi aux frontières extérieures, Rome paya des tribus germaniques pour combattre d'autres tribus germaniques, en échange d'une quasi-citoyenneté romaine, avec tous les privilèges qui allaient avec.

Parmi ces tribus germaniques fédérées à l'Aigle romain se trouvait la tribu des Francs saliens, qui vivaient du côté ouest du Rhin.

Les peuples germaniques étaient des peuples ayant migré il y a un millénaire avant l'ère des Francs, de l'actuelle Scandinavie, et qui partageaient de nombreux points communs avec les Vikings : divinités, amour du combat et de la liberté, courage et honneur. Leurs droits étaient de nature coutumière et la vengeance personnelle était au centre de leur dispositif législatif.

Mais un plus grand danger que les germains apparut pour les citoyens romains d'Occident. Un évènement qu'ils n'auraient jamais pu imaginer et qui précipita la chute définitive de l'Empire Romain d'Occident.

Après la conquête vers l'est d'Alexandre le Grand, un nouveau conquérant venu de l'est, féroce et brillant, déferla avec ses armées, vers l'ouest.

Venu des steppes asiatiques, Attila le Hun, menant une armée polyethnique dont de germains non fédérés, attaquait et pillait chaque cité riche d'Europe. Bientôt, il était aux portes de Paris.

En 451, telle une Vercingétorix, une jeune femme de 28 ans, Geneviève, exhorta les Parisiens à résister aux Huns et de ne pas abandonner Paris.

Elle dira : « Que les hommes fuient, s'ils veulent, s'ils ne sont plus capables de se battre. Nous les femmes, nous prierons Dieu tant et tant qu'Il entendra nos supplications. »

Ses prières furent entendues : Attila ne passa jamais par Paris et son sort fut bientôt scellé.

Sur les plaines de Châlons-en-Champagne, l'armée romaine, composée essentiellement de Gallo-Romains et de tribus germaniques fédérées, défit dans la souffrance les armées d'Attila. Son empire ne lui survécut guère après sa mort.

Pour récompenser ses généraux germaniques, Rome les fit administrateurs de provinces.

Un général franc, Mérovée pouvait ainsi devenir le Roi de la Gaule du Nord. Son fils, Childéric, le remplaça bien assez tôt et devint un des plus fidèles soutiens de Rome. Alors que la majorité des autres tribus germaniques fédérées, Alamans, Goths et Burgondes étaient devenus chrétiens ariens, une secte chrétienne condamnée depuis plus d'un siècle par Constantin et l'Église de Rome, le roi Childéric Ier et les Francs saliens étaient restés païens.

L'héroïne de Paris, Geneviève, bientôt Sainte-Geneviève, profondément catholique, se joua avec l'aide de Rémi, évêque de Reims, des Francs pour s'assurer de leur alliance contre le roi gallo-romain, Syagrius, qui cherchait à s'allier avec les germains ariens.

Le jeune Chlodovic, bien formé par son père à être un bon roi, combattra vaillamment Syagrius et lui subtilisera son vaste domaine.

Entre temps, les germains déferlaient sur tout l'Empire Romain d'Occident. Le dernier empereur romain d'Occident fut déposé. Rome était tombée.

Perte des institutions, rapines, viols, meurtres : un chaos généralisé et mortifère pour les citoyens à l'intérieur des frontières occidentales.

Les Ostrogoths prirent l'Italie, les Wisigoths, l'Hispanie et le sud de la Gaule, les Vandales, le nord de l'Afrique, les Burgondes et les Alamans, la Gaule de l'est.

L'évêque Rémi, en donnant la foi chrétienne à son protégé, le roi Chlodovic, permit à la Gaule Romaine de retrouver son unité politique et religieuse.

Chlodovic, en latin Chlodovicus qui donnera par simplification orthographique, Ludovicus, Clovis, Lovis puis enfin Louis, se fit baptiser et mourut en Roi Catholique.

De la Gaule Celtique, à la Gaule romaine et chrétienne, au Royaume des Francs, nous y voilà.

La France, fille de la Civilisation Carolingienne

Par l'alliance de l'Église Catholique romaine et du Royaume des Francs, la bascule de la civilisation romaine vers la civilisation carolingienne était enclenchée. Elle allait pouvoir se différencier du restant de l'Empire Romain, en Orient, l'Empire byzantin.

Mais face à la montée de la civilisation carolingienne, les guerres entre tribus germaniques désirant se partager le restant de l'Empire Romain moribond se poursuivaient.

Francs, Burgondes, Vandales, Alamans, Wisigoths, Ostrogoths, Alains, hier frères, aujourd'hui ennemis mortels.

Les royaumes germaniques qui déferlèrent sur l'Empire Romain, en majorité, se christianisèrent pour se rapprocher de leurs sujets, mais la force du Royaume des Francs était sa légitimité obtenue par la bénédiction de l'Église de Rome. Les autres royaumes, Burgondes, Wisigoths ou Vandales, s'étaient tous convertis à un courant alternatif du christianisme : l'arianisme, du nom du théologien Arius, qui au IVe siècle professa une interprétation polémique sur la nature de la Trinité et qui fut déclarée comme hérésie lors du concile de Nicée, sous Constantin Ier. Concile qui marqua la doctrine officielle du christianisme d'état, le catholicisme romain.

L'expansion du Royaume des Francs fut rapide et décisive. Les Francs, qui étaient déjà habitués à côtoyer des Gallo-Romains et autres citoyens de l'empire, intégrèrent les élites aux leurs, et s'assimilèrent facilement en favorisant les mariages mixtes. Le conquérant était conquis.

Le droit romain, écrit et centralisé, fut fusionné au droit germanique, oral et localisé, d'abord par Clovis avec la loi salique puis, suite à sa victoire sur le roi arien wisigoth, Alaric II, par le Bréviaire d'Alaric, code juridique directement inspirée par le chef-d'œuvre du droit juridique, le Code de Théodose, parachevé plus tard par l'empereur Justinien.

La civilisation carolingienne est ainsi le produit de la romanité, de la catholicité et de la germanité.

De la romanité, nous tenons d'abord l'idée d'État, dirigée par les valeurs de la Res Publica, la chose publique c'est à dire l'intérêt général. Mais aussi et surtout, l'idée de citoyenneté. Là où l'Orient, déjà multimillénaire, était parsemé de royaumes et d'empires de droit divin, comme en Perse ou dans l'Egypte Antique, le modèle de Cité-Etats prit son essor dans la Grèce Antique. Du tribalisme des origines, des individus aux mœurs et aux traditions communes se rassemblèrent en communauté d'intérêts, fédérés par une loi commune. L'organisation entre les hommes devint plus hiérarchisée, les lois orales devinrent écrites. Ainsi un individu ne devait plus seulement obéissance à ses ainées, ou à sa famille, donc à son sang, mais il devait avant tout, obéissance à l'État. En se soumettant à l'autorité de l'État, l'individu obtint des avantages : liberté de commercer, participation aux décisions politiques. Il se défit des liens du sang pour se lier à une nouvelle entité, plus abstraite, la communauté civique.

Au-delà même de l'architecture grecque, au-delà même des mêmes origines homériques qu'elle se donna à travers

Enée, c'est ce modèle grec de citoyenneté qui infusa toute l'histoire de Rome.

Ainsi, un citoyen romain, qu'il fut d'origine gauloise, hispanique ou germanique, exprimait d'abord son attachement à la Cité de Rome, c'est-à-dire à ses lois et à ses dieux, le profane se mêlant au sacré.

La catholicité est cette rencontre entre cette spiritualité chrétienne tout orientale et cette romanité. L'Église catholique romaine va ainsi calquer son administration sur celle de la centralisation en cascade de l'Empire romain. Le Pape romain étant l'empereur des croyants et les évêques ses gouverneurs. L'universalisme romain, celui d'une grandeur politique, fusionna avec l'universalisme chrétien : Un Dieu, une loi, une communauté de destin.

Cette fusion ne fut pas parfaite, car ces deux universalismes étaient antagonistes.

Là où Rome asseyait sa légitimité sur la verticalité de l'État, le christianisme promouvait l'horizontalité et l'égalité des croyants.

Là où Rome célébrait leur dieu tutélaire, Mars, le dieu de la guerre, le christianisme célébrait l'amour de son prochain.

Là où Rome chérissait le héros mort pour sa patrie, le christianisme chérissait le martyr mort pour un royaume hors de ce monde.

Là où Rome cultivait un certain art de vivre, mélangeant plaisirs et luxures, le christianisme cultivait une austérité toute divine.

Vivre en César et mourir en Christ, le fil rouge de l'Occident chrétien jusqu'à nos jours.

Quant à la germanité, elle ne relève ni du politique ni du spirituel, mais plutôt d'un mysticisme de l'individu enraciné. La liberté et l'honneur sont des valeurs suprêmes, les vengeances pour crimes d'honneur furent d'ailleurs interdites par Clovis. Cette liberté individuelle se reflétait collectivement par l'acceptation des droits coutumiers, oraux, propres à chaque tribu germanique. Un fort esprit d'indépendance malgré un même inconscient collectif.

Là où les Gaulois s'assimilèrent assez rapidement après la défaite de Vercingétorix face à César, les tribus germaniques furent toujours la plus grande force de résistance à l'expansion romaine. Arminius, le héros germanique, n'eut pas le même sort que Vercingétorix. Il fédéra les tribus germaniques et botta les Romains à tout jamais de leurs terres. Traumatisés, plus jamais les Romains ne tentèrent plus jamais de s'étendre au-delà du Rhin.

Mais Arminius lui-même fut abattu par les siens : ce germanique, qui avait côtoyé les Romains, concentrait et centralisait toutes les décisions politiques. Il devenait trop romain.

À l'ordre concret germanique, celui de la terre et du sang, de nature décentralisée, s'opposait l'ordre abstrait romain, centralisé, celui de la cité et de la politique.

De Clovis jusqu'à Charlemagne, cet esprit germanique fut à la fois la force et la faiblesse du Royaume des Francs. Car lorsqu'on gouverne, se pose la question de la continuité de l'État. Suivant les traditions germaniques, le royaume des Francs fut successivement uni puis divisé entre les fils héritiers, créant un état d'instabilité permanent et de guerre civile.

Mais leur détermination d'en découdre, leur pugnacité les préserva de disparaître. Car c'est toujours, lorsqu'on est attaqué de l'extérieur, qu'on redevient uni à l'intérieur. Et ce ne fut pas un assaillant, mais deux. Les plus terribles et déterminés envahisseurs, venant du nord et du sud. Des navigateurs hors pairs, païens, déferlèrent d'abord sur les îles britanniques puis sur le nord du continent européen. Au sud, une cavalerie égayée par une foi nouvelle attaqua par raids successifs. Leur progression fut éclaire, l'Hispanie chrétienne était déjà conquise et ne sera libérée que sept siècles plus tard.

L'Europe chrétienne était au bord du précipice. Les descendants de Clovis n'avaient plus l'étoffe de leur glorieux ancêtre. De facto, une famille franque dirigeait les affaires du royaume. Une famille qui avait de l'ambition, de l'envie.

Ces envahisseurs d'une foi nouvelle avaient déjà pénétré le Royaume des Francs et terrorisaient les populations locales. Qui pour les arrêter ?

Le deuxième du Royaume, Charles Martel, maire du Palais, organisa la contre-attaque. Et comme Arminius avant lui, il pourfendit ces envahisseurs du sud et arrêta net leur expansion : non, la Francie ne subira pas le même sort que l'Hispanie.

La légitimité du second du royaume devint plus forte que celui du Roi franc et le sort de la dynastie mérovingienne de Clovis était scellé.

Pépin le bref, fils de Charles Martel, en échange de services rendus au Pape, reçut l'autorisation de destituer le dernier des mérovingiens et fut sacrée, par deux fois, par le Pape. Pépin, comme le mythique roi David, fut oint d'une huile sacrée, qui lui donna une légitimité divine. Il réorganisa d'une main ferme le royaume et l'étendit. Tout était prêt pour que son fils, Charles, devienne le Charles le Grand, Charlemagne.

La civilisation carolingienne, dont nous sommes les héritiers, tire ainsi le nom de Charlemagne. Ce fut durant son règne que le Royaume des Francs trouva son équilibre entre romanité, catholicité et germanité. Rome n'avait jamais disparu de l'esprit des élites et Charlemagne, avec la bénédiction du Pape, n'était plus Roi des Francs, mais Empereur d'Occident.

Plus César que Christ, Charlemagne fut un conquérant sans pitié et domina enfin ces tribus germaniques turbulentes, les Saxons. Ce que l'Empire Romain n'avait pas su faire, Charlemagne le fit. Il centralisa l'État, se fit entourer par des élites de toutes l'Europe chrétienne et réforma en profondeur son nouvel empire, grâce à une administration plus efficace.

En unifiant l'Europe, Charlemagne permit aux idées et aux innovations de circuler plus vite : architecture, imposition, culture, écriture, sciences, un véritable engouement s'était créé autour de ce jeune empire.

Charlemagne avait uni l'Europe de Clovis et l'Europe romaine. Il s'inscrivait ainsi dans cette longue histoire, il en était l'héritier légitime. Il nomma bientôt son fils comme son glorieux ancêtre, notre premier Louis de France, Louis le Pieu.

Mais la même tare germanique revint, et bientôt l'Empire fut à nouveau divisé entre les trois fils de Louis le Pieu. La Gaule devenait ainsi la Francie et son roi Charles le Chauve.

La France, l'Allemagne, l'Italie, l'Espagne, la Belgique, le Luxembourg, les Pays-Bas, l'Autriche, les grandes puissances qui feront l'histoire de l'Europe jusqu'à nos jours, sont toutes filles de la Civilisation Carolingienne. Cette prise de conscience civilisationnelle entre ces peuples-nations est absolument nécessaire, pour leur propre survie.

C'est la condition première pour une véritable union des peuples européens en une même nation.

La France, modèle universel

La Grèce fut le berceau de la Démocratie, Rome inventa le Droit et la France créa l'Etat-Nation. Voilà le génie français. Voilà notre monde moderne.

Pourtant, rien ne jouait en faveur de ce jeune Roi de France, Hugues Capet. En l'absence d'une autorité centrale, les duchés affirmèrent leur indépendance et déconsidérèrent ce roi qu'ils avaient eux-mêmes mis en place. De l'autre côté du Rhin, Otton Ier régénéra, comme Charlemagne avant lui, l'Empire qui perdurera jusqu'à la victoire de Napoléon à Iéna en 1806.

Les régimes changent, mais l'essence des peuples-nation perdure, au-delà de leurs gouvernants qui comme s'ils étaient envoutés par l'histoire de leur pays, deviennent ceux qu'ils gouvernent.

Tous deux issus de la Civilisation Carolingienne, le Royaume de France et le Saint-Empire Romain Germanique furent tous deux des révélateurs de la nature des peuples-nation qui les composaient.

Hugues Capet d'abord, innovera. Sans en être entièrement conscient, il comprit la puissance de l'État et la nécessité de sa continuité pour la préservation du bien public. Même si le chemin était encore long vers la toute-puissance du roi sur son royaume, il fit le choix d'un exécutif fort, centralisé et surtout débarrassa enfin son royaume des tares germaniques en créant une succession royale par primogéniture mâle. Un coup de génie, qui permit l'assise d'une longue dynastie régnante jusqu'à Louis-Philippe en 1848. L'État était sauf. Mais le Royaume de France, ancienne Gaule Romaine, étaient encore composé de nations diverses et d'une nouvelle, la Normandie, donnée aux envahisseurs du nord en l'échange de leur obéissance au Roi de France.

Le Saint-Empire, territoires libres qui refusèrent la romanisation, choisit un mode de gouvernance électif, où les princes étaient souverains chez eux.

La centralisation romaine d'un côté du Rhin, la fédération germanique de l'autre.

Malgré l'éclatement de la Civilisation Carolingienne, l'Église Catholique joua le rôle d'artères culturelles et administratives de l'Europe, une sorte d'Organisation des Nations Chrétiennes avant l'ONU, permettant la cohésion des territoires européens. À une ère où c'était la guerre de tous contre tous, où les seigneurs et les mercenaires massacraient et pillaient le bas peuple, l'Église Catholique joua le rôle de médiateurs entre les gouvernants chrétiens et proposa, de par sa mission de paix chrétienne, de nouvelles organisations sociétales, comme la Paix et la Trêve de Dieu. La révolution sociétale la plus importante, et unique en son temps, est l'imposition de la monogamie et de l'exogamie. Dans toutes les civilisations, la polygamie était la règle et l'Église Catholique créa l'exception. Sans le savoir, l'Église Catholique consacrait la famille et surtout la diversité génétique par l'exogamie. Deux ordres monastiques, nés dans le Royaume de France, devinrent hégémoniques en Europe et symbolisèrent, par leurs organisations, cette opposition entre centralisation romaine avec l'ordre de Cluny et fédération germanique par l'ordre cistercien, dont les monastères pullulèrent dans toutes les nations, jusqu'au fond de la Transylvanie.

Les hommes du Nord, les Normands s'étaient encore plus rapidement assimilés au Royaume franc, que les Gaulois aux Romains jadis. Ils furent de parfaits administrateurs et bâtisseurs.

L'île de Bretagne, celtique et très mal romanisée, subit les invasions germaniques, des Angles et des Saxons, au moment de l'éclatement de l'Empire Romain d'Occident. Bientôt, elle allait enfin pouvoir entrer dans l'Histoire et sortir de son obscurité. Une graine de la civilisation carolingienne allait pouvoir la féconder.

Cette graine s'appelait Guillaume le Conquérant.

Prince normand, il conquit l'île de Bretagne et prit avec lui le savoir-administrer de Royaume des Francs. Il renouvela entièrement les élites, imposa la langue franco-normande, mélange de latin abâtardi et des langues régionales, et de la même manière, il centralisa l'autorité de l'état. Le roi d'Angleterre, avec un pied en France et un pied en Angleterre, commença, sans le savoir, une des plus grandes et des plus belles rivalités entre deux États-nations, et ce jusqu'à la défaite finale de l'Empire napoléonien. Mais dans ces guerres et ces massacres, France et Angleterre s'influenceront mutuellement.

Depuis la colonisation islamique rapide de l'Afrique du Nord, du Moyen-Orient et de l'Espagne, la Méditerranée était définitivement coupée en deux. La Mare Nostrum romaine était bien loin. Les conquérants musulmans, contrairement aux envahisseurs germaniques ou vikings, soumettaient leurs nouveaux territoires à leur langue, leur religion et leur administration. Les nouveaux convertis sont toujours ceux qui montrent le plus de zèle, ainsi des tribus turques venant d'Asie Centrale conquirent le Moyen-Orient et se montrèrent moins tolérantes envers les gens du livre. Jérusalem, triple ville sainte, fut interdite d'accès aux pèlerins chrétiens. L'Empire Romain d'Orient allait finir par succomber aux assauts répétés des Turcs musulmans.

Un Pape français, Urbain II, abreuvé aux seins universalistes catholiques et romains, ne pouvait que se soucier de l'ordre du monde, aussi loin que fût ce monde. Il appela le monde chrétien à s'unifier face à ce danger exogène, à libérer Jérusalem et l'Hispanie. Étrangement, les seuls qui répondirent à l'appel du Pape furent les seigneurs francs. Jérusalem fut libérée, l'Empire byzantin gagna encore quatre siècles de répit avant de tomber face aux envahisseurs musulmans.

Les chevaliers francs devinrent un modèle culturel pour toute l'Europe chrétienne. Le preux chevalier, animé par sa foi toute chrétienne et son honneur, celui qui avait su civiliser ses sentiments pour les femmes à travers le modèle de l'amour courtois, irrigua l'imaginaire de toute l'élite européenne. Le paroxysme sera atteint avec notre roi Louis IX, modèle du roi-chevalier chrétien, qui fut sanctifié plus tard par l'Église.

Mais la politique étrangère du royaume ne pouvait faire oublier les dangers que faisaient peser le Royaume d'Angleterre et le Saint-Empire Romain Germanique. Les deux, d'essence germanique, s'entendirent à merveille pour en finir une bonne fois pour toutes avec ce roitelet de France.

Le roi Philippe, dans son esprit romain et empereur en son royaume, prit le titre d'Auguste en boutant les deux redoutables alliés et confisqua le duché de Normandie aux Anglais, unifiant enfin notre Royaume de France.

Des élites intellectuelles imprimaient l'opinion publique dont les plus importants furent Abélard et Héloïse qui à eux deux, symbolisent l'esprit français de raison et de folle passion. À Paris, l'Université de la Sorbonne ouvrit ses portes. Ce fut une véritable effervescence culturelle et intellectuelle. La joute verbale devint une marque de fabrique française. L'esprit de gaillardise, de bonne humeur et de satire était porté par les jeunes Goliards, disciples et admirateurs de Pierre Abélard, et qui moquèrent même l'institution catholique à travers ses chants populaires.

Le Royaume de France, toujours soucieux de sa souveraineté et de toute ingérence étrangère, ne voyait pas d'un bon œil, le pouvoir grandissant du Pape.

Lorsque la religion dérange la politique, on déplace le centre religieux.

Après Philippe le Bel et sa centralisation encore plus forte de l'État, Rome n'était plus à Rome, mais à Avignon. Une prémisse de nationalisme s'exprimait déjà dès lors de par la fidélité des évêques de France au Roi.

Mais l'obsession de la France, son unité, n'était pas encore achevée. L'Angleterre qui avait encore pied à terre en France, en Aquitaine, sema encore le trouble et revendiqua la couronne française.

La France fut sous occupation et faillit disparaître sans le miracle Jeanne d'Arc.

La terre n'oublie pas ses morts. Vercingétorix se réincarnait des siècles plus tard.

Les dix plaies d'Égypte s'étaient lancées sur les Français : guerres civiles, problèmes agricoles et grave crise de légitimité. Cette jeune femme, qui devint Chevalier, rarissime pour l'époque, remobilisa les Français et légitima le jeune roi

Charles VII qui unifia enfin le royaume de France. L'Angleterre redevenait une île et perdait toutes ses prétentions sur le vieux continent.

Les rois qui lui succédèrent, achevèrent l'unité de la France jusqu'à même prétendre aux royaumes italiens, entraînant les guerres d'Italie et l'introduction de la Renaissance en France.

Mais cette centralisation autoritaire de l'État français sera toujours contestée par les élites aristocratiques qui tenteront sans succès de lutter pour un partage des pouvoirs à l'anglaise et qui ne réussiront qu'avec le soutien de la bourgeoisie, que trois siècles plus tard, sous la Révolution Française. Malheureusement, ils ne savaient pas que le peuple français avait la politique dans le sang et que désormais, il fallait composer avec.

La logique centralisatrice française fut poussée jusqu'au bout, de François Ier à la Troisième République. Cet amour de l'unité fit du français la langue officielle du royaume, le franc était déjà la monnaie commune, les états dans l'État étaient très durement combattus, le système de poids et de mesure fut standardisé sous la Révolution Française.

L'infini du potentiel humain était redécouvert, depuis l'invention du télescope et du microscope, depuis que Copernic remit la Terre à sa juste place et depuis que Newton avait unifié les lois des astres et celles de la pomme en découvrant la gravitation universelle.

Le livre de l'Univers est écrit en langage mathématique, disait Galilée.

Avec les mutations sociales et l'enrichissement de la bourgeoisie, l'Église n'avait plus le monopole de l'éducation. Les flux de connaissances pouvaient circuler bien plus vite. Une République des Arts et des lettres se diffusa dans toutes l'Europe, l'idéal romain fut redécouvert et la philosophie grecque revint à l'ordre du jour.

La Pléiade avait codifié la langue française en restant fidèle au latin. Tel un Socrate français, Montaigne questionnait la condition humaine, Pascal redéfinissait l'infinité de l'univers et du divin et Descartes créa une méthode de questionnement scientifique, tandis que Bodin théorisait la souveraineté politique d'un état.

D'Alembert et Diderot avaient l'ambition folle de réunir la somme du savoir humain dans un seul livre : l'Encyclopédie.

Enfin vinrent les deux poumons de l'esprit français, Voltaire, symbole du génie humain et de la joie de vivre à la française puis Rousseau, ce génie politique du contrat social.

François Ier avait choqué le monde chrétien en s'unissant avec le sultan musulman Soliman le Magnifique pour contrer l'empire de Charles Quint, Richelieu s'alliera avec les royaumes protestants pour contrer l'empire catholique des Habsbourg.

Oui, les intérêts politiques de la nation française primeront toujours sur les religions.

Là où les monarques protestants étaient à la fois roi et chef de l'église, le roi français ne l'a jamais été.

Cette séparation entre l'ordre politique et l'ordre religieux est ainsi au centre névralgique de l'identité française.

Les guerres victorieuses de Richelieu firent entrer l'Europe dans l'ère westphalienne, dotant tous les royaumes d'Europe d'une conception de souveraineté à la française, et ce jusqu'au 20e siècle.

L'Académie française fut créée, les administrations furent rationalisées, le droit uniformisé.

La France sous Louis XIV fut la première puissance militaire et démographique d'Europe. Le français devint une langue mondiale et tous les rois d'Europe se voulaient être Louis XIV. Racine rédigea des tragédies à l'aide d'une langue française pure et parfaite, Corneille nous tenait en haleine avec ses dilemmes tragiques, tandis que Molière nous faisait rire en se moquant avec génie des sujets qui fâchent.

L'Amérique du Nord était française, les conquêtes françaises étaient à leur apogée, mais les Français vivaient très bien en France. Pourquoi quitter son pays lorsqu'on est heureux ? Contrairement aux Anglais, peu de colons français firent la traversée de l'Atlantique.

Cette rivalité avec les Anglais atteint son paroxysme avec la guerre de Sept Ans, une quasi-guerre mondiale, tant les batailles se déroulaient sur chaque continent en simultanée. La France y perdit non seulement son vaste empire colonial, comprenant l'Amérique du Nord et les Indes, mais elle perdit le combat de la mondialisation.

Le monde allait devoir parler anglais.

La monarchie sous Louis XV avait perdu de son aura solaire : elle était moquée, dénigrée. Nous rachetâmes le Corse aux Génois comme lot de consolation.

La Monarchie n'avait pas su réformer le royaume. Elle jouissait pendant que le peuple se cultivait. Revanchards, nous envoyâmes le général Lafayette et son armée pour défendre les colons américains contre le Royaume d'Angleterre.

Nous participâmes ainsi à la création des États-Unis d'Amérique.

Le Royaume en fut ainsi ruiné, Louis XVI convoqua les États Généraux, réunissant les trois ordres : noblesse, clergé et tiers-état. Mais nous n'étions plus sous Philippe le Bel, la classe moyenne haute et la bourgeoisie d'affaires étaient toutes deux éduquées et biberonnées à Montesquieu, Voltaire et Rousseau.

La première révolution survint dans le dédoublement du nombre de représentant du tiers-état et dans l'application d'un vote non pas par ordre, mais par tête. L'esprit démocratique des Athéniens revenait et les tribuns du peuple romain allaient devenir les tribuns du peuple français.

Mirabeau, Danton, Robespierre, Brissot, autant d'inconnus qui allaient faire la continuité de l'Histoire de France.

Le Français ne sera plus sujet, mais citoyen. Il était membre de la communauté nationale et détenait une part de souveraineté, tel que le professait Rousseau dans son Contrat Social.

Contrairement aux révolutions anglaises qui sont le fait de l'Aristocratie, le peuple français va lui être pleinement acteur de son destin.

La Révolution Française va malheureusement prendre une tournure tragique, la plus grave de son histoire : guerres civiles entre révolutionnaires et antirévolutionnaires, guerres entre croyants et athées, guerres entre partis politiques, entre monarchistes et républicains, entre fédéralistes et unitaristes, ingérences étrangères, guerres contre les monarchies européennes, abasourdies par l'ampleur de la France révolutionnaire.

Et surtout, grave crise de dysfonctionnement de l'État français.

Mais dans toute cette obscurité, la lumière pour tous les peuples : la Déclaration des droits de l'homme et du citoyen. Et cette devise : Liberté, Égalité, Fraternité.

Cet universalisme qui fut romain, puis chrétien, devenait français.

L'esclavage des noirs fut aboli, l'homosexualité dépénalisée, les juifs, protestants et les comédiens, intégrés au corps civique.

À la bataille de Valmy, nous fûmes pour la première fois, victorieux au nom du Peuple Français et non au nom du Roi. Coup pour coup, la Monarchie fut abolie et la République proclamée en Bleu, Blanc, Rouge.

La ferveur révolutionnaire était tellement grande, que les conquêtes révolutionnaires se poursuivaient au nombre des nouvelles républiques sœurs, aux Pays-Bas, en Belgique et en Italie. La France fut découpée administrativement en quantité égale, les départements étaient nés. C'était la fin de la gouvernance des régions historiques, et le passage d'un tribalisme régional à cet état abstrait de gouvernance citoyenne.

La France aurait pu devenir une République fédérale comme les États-Unis, mais elle décida, dans le sang, de rester une République Une et Indivisible.

De Clovis à Robespierre, ce fut au-delà du régime, le choix de la France Une et Indivisible.

De la basse main d'œuvre à Caporal, jusqu'au sommet de l'État, Napoléon, ce jeune général corse, qui a un an près n'était pas français, par son talent et sa détermination, gravit tous les échelons. Amoureux de l'ordre, il remit l'État sur ses deux pieds, rationalisa toute l'administration française et acheva le travail de centralisation des rois.

Adogmatique, contrairement aux révolutionnaires qui voulurent abattre l'Histoire de France pour exalter la Révolution, il unifia au sein de son empire plébiscitaire, toute l'Histoire de France : des abeilles de Clovis, au sceptre de Charlemagne, à la fleur de lys des Capétiens à l'amour du Drapeau révolutionnaire bleu, blanc, Rouge, pour lequel il a combattu, du bas des fleuves italiens jusqu'aux Pyramides d'Égypte. Déiste, il comprit l'importance non seulement historique du catholicisme, mais surtout sa nécessité comme facteur de cohésion de la société. Digne héritier des Lumières et de la Révolution Française, il diffusa le Code Civil dans toute l'Europe qui, inspiré du droit romain, allait devenir le code civil de la majorité des pays de ce monde.

Sans l'acharnement vital des Anglais contre Napoléon, l'Europe d'aujourd'hui serait Une et Indivisible.

Après Napoléon, les Français, peuple politique par excellence, ayant goûté à la Révolution, expérimentèrent tous les régimes politiques, jusqu'à la stabilité de la République gaullienne.

Napoléon III parachèvera le projet de son oncle et lancera la France dans une ère de prospérité inédite, grâce à la révolution industrielle et fera du Paris Haussmannien, la plus belle ville du monde.

La Troisième République, on ne peut plus Une et Indivisible, et la Commune de Paris juste avant, permirent la révolution sociale par les débats parlementaires, sacralisèrent l'École, ce qui permit l'émergence d'une classe moyenne éduquée. Le Front Populaire donna une plus grande douceur de vivre aux Français par ses réformes sociales.

L'épopée napoléonienne avait elle-même enfanté des géants scientifiques et surtout littéraires : Chateaubriand, Stendhal, Balzac et Victor Hugo.

L'amour de son prochain, porté par les valeurs chrétiennes et révolutionnaires d'égalité et de fraternité, devinrent bientôt socialisme puis communisme. Simón Bolivar prit exemple sur la Révolution française et créa ainsi cinq pays indépendants en Amérique latine. Marx étudia en profondeur la Révolution française, le système capitaliste et théorisa le communisme. Proudhon, pensa un socialisme libertaire, Charles Fourier réfléchit un socialisme dit utopique en expérimentant de nouveaux modes de vie et de production. La Grèce prit son indépendance de l'Empire ottoman selon les idéaux de la Révolution Française. La Turquie elle-même, jeune nation, se construira selon le modèle français. Dans les colonies françaises et anglaises, le nationalisme révolutionnaire français infusa les élites arabes et africaines. Le Japon fut lui-même pénétré d'idéaux rousseauistes. Et bien sûr la Révolution russe, qui se calqua sur la Révolution Française, en apprenant des erreurs de la France. Enfin, la Chine devint à son tour communiste.

Toutes ces nations sont passées d'un état féodal à un État-nation moderne, par le sang que nous Français, avons versé.

De Gaulle est toute cette France à la fois : il est Vercingétorix pour l'amour de sa terre et de ses traditions, il est ce Roi-Chevalier, pugnace et honorable défendant les plus faibles, il est Jeanne d'Arc, de par sa foi en la France et il est Napoléon, de par sa légitimité qu'il tient uniquement du peuple français.

CONSTRUIRE

La Cité Outil

La Cité est un Outil. Le plus important. Le plus décisif dans la destinée humaine.

La Cité, au sens le plus large, est le mode d'organisation d'un groupe humain dans le but de prospérer. Ses paramètres les plus fondamentaux sont la coopération, la hiérarchisation et la division du travail.

La Cité réelle, au sens civilisationnel, est une lente construction historique.

Pour les définir, nous choisissons deux paramètres : le rapport à l'autorité (Liberté/Autorité) et le rapport d'un individu à la société (Nous/Je).

Pour comprendre la lente histoire des mutations civilisationnelles et arriver ainsi à la compréhension de la Cité Française, une brève histoire des civilisations nous est nécessaire.

Le Climat est le premier Outil conditionnant la genèse des civilisations : rappelons que même si l'histoire d'Homo Sapiens est vieille de plusieurs dizaines de milliers d'années, ce n'est que depuis le début de la nouvelle interglaciaire, nommé Holocène et datant de -12 000 ans, que la propulsion des civilisations humaines a été rendue possible.

Le froid extrême éloigné, la mobilité des premières tribus permit l'expansion d'Homo Sapiens à travers le globe.

Certains chasseurs-cueilleurs se stabiliseront près des fleuves, où la faune et la flore y sont plus denses, créant ainsi les premiers villages.

Le bouleversement climatique d'il y a 5900 ans, désertifiant le Sahara, poussera les tribus humaines à migrer vers des terrains plus propices, notamment autour du Nil, de l'Euphrate, du Tigre, des fleuves jaune et bleu.

L'agriculture est inventée, le nomade devient sédentaire, les villages s'organisent et se hiérarchisent. La question de la propriété se pose et l'héritage avec. Les systèmes familiaux mutent, l'autorité devient nécessaire au maintien de groupements humains plus larges et plus complexes.

Ce cœur africano-asiatique des premières civilisations, allant de l'Égypte, en passant par les actuelles Syrie, Irak, Iran, Inde et Chine évolueront toutes selon le même modèle d'une société de plus en plus complexe, hiérarchisée et technologiquement avancée.

Dans cette émergence des civilisations, tout comme l'énergie, rien ne se perd, rien ne se crée, tout se transforme. Les civilisations digèrent ou sont digérées. Elles rayonnent, se diffusent et inspirent d'autres groupements humains lointains qui se calquent sur elles tout en gardant leurs particularismes.

La Civilisation touche tard le continent européen. En Crète, le fameux roi Minos n'a rien à envier aux Égyptiens, tant sa cité est puissante et rayonnante. L'impressionnante éruption volcanique sur l'île de Santorin anéantira cette civilisation montante. Les survivants fuirent et se dispersèrent sur les îles lointaines, tout en conservant leurs dieux, leurs lois et leurs traditions, qui avec le temps muteront.

Les cités grecques, en tant que Cités-Etat deviennent une originalité dans un monde où les empires égyptiens, perses, indiens et chinois règnent.

L'aspect insulaire de la civilisation grecque conditionne à la fois un fort sentiment d'appartenance à la même civilisation à travers des mythes communs, notamment grâce aux récits homériques, et un fort sentiment d'indépendance d'une cité par rapport à l'autre. Cette indépendance se diffusera au sein des sociétés grecques sous forme d'une forte conscience individuelle. Les va-et-vient vers l'illustre modèle qu'est l'Égypte inspirent les premiers mathématiciens et les premiers penseurs qui deviendront bientôt philosophes, la quintessence de la conscience de soi. L'architecture égyptienne se sublime chez les Grecs qui mêlent beauté divine et beauté mathématique. Athènes institutionnalise un système existant depuis l'aube de l'Humanité, l'idée de faire participer l'ensemble de la tribu. Ils la nommeront démocratie, le pouvoir du peuple.

L'idée d'atome, du grec insécable, se formalise chez Démocrite : l'univers est discontinu, composé de matière et de vide. L'individu, synonyme latin à atome, peut idéologiquement naître.

Mais les civilisations se grippent très souvent de l'intérieur, par luttes intestines et guerres civiles qui obligent ces civilisations à essaimer ailleurs.

Pendant que Rome naît, la Grèce se meurt. Le dernier sursaut du mourant sera la tentative d'Alexandre le Grand d'unifier le monde grec jusqu'aux confins de l'Inde.

De la même façon, les Grecs deviendront l'illustre modèle à suivre pour les Romains. Et de la même façon, les Romains magnifieront à leur tour la civilisation grecque, qui magnifiait la civilisation égyptienne.

La République romaine, mêlant aristocratie et démocratie, s'étendra pendant cinq siècles, et ne pourra survivre à ses guerres civiles que sous la réorganisation de son système politique, renforçant l'autorité centrale et le pouvoir exécutif aux mains de l'Empereur. De la République à la chute de l'Empire byzantin, c'est deux mille ans d'histoire romaine.

Le judéo-christianisme, mêlé à la philosophie grecque et à la pensée romaine, mènera au catholicisme romain qui réussira l'exploit de fusionner le polythéisme ancestral de l'Europe, par la Trinité, le culte des Saints et le monothéisme absolu d'un dieu.

Il y a là une tolérance originelle vers les dieux d'autrui, héritée des Romains, de par cette forte conscience de soi qui infusera le sol européen, par l'entrée tardive de l'Europe dans l'histoire des civilisations. Un savant mélange entre la place de l'individu dans la société et la crainte d'une autorité absolue.

Après la chute de l'Empire Romain d'Occident, se jouera le même jeu qu'entre les cités grecques, mais à des échelles bien plus grandes : une conscience forte d'appartenir à la même civilisation chrétienne et romaine, mais un fort sentiment d'indépendance les uns vis-à-vis de l'autre, et ce à partir d'Hugues Capet, Otton Ier et Guillaume le Conquérant. Les Cités-Etat deviendront bientôt des Etats-Nations.

Le penseur français, Abélard, tels les philosophes grecs et romains, exprime la nécessité de la libre pensée comme chemin vers la vérité et la compréhension du mal, Saint Thomas d'Aquin confirme contre les idées d'Averroès l'individuation de l'âme humaine, Montaigne explore l'universalité de la condition humaine par son Moi et son ami de la Boétie, critique la servitude de l'individu au pouvoir absolu et donne les clés vers la liberté individuelle.

Sur les terres les plus faiblement ou jamais romanisés, les terres germaniques à l'Est, après avoir vaincu durablement l'Empire et arrêté son expansion vers l'est, la Réforme Protestante donnera le deuxième coup fatal à l'unité des peuples européens.

Cette faible romanisation et sa conversion tardive au christianisme, que ce soit chez les Saxons ou chez les Scandinaves, mènera à une pénétration très forte et définitive de la Réforme Protestante en ces territoires, mêlant indépendance vis-à-vis de l'autorité centrale de Rome, forte individuation et par Calvin, une forte différenciation entre ceux prédestinés à l'éternel salut et ceux voués à l'éternelle damnation.

En Europe, du libéralisme religieux naîtra le libéralisme politique puis économique.

Les Cités du Monde

La Cité Anglaise, par son histoire d'abord celtique, faiblement romaine, saxonne puis franco-normande et de par son statut insulaire, affiche un attachement très fort à l'indépendance et à l'autonomie individuelle. Son virage protestant la montre peu sensible à l'égalité et par son histoire, elle admet et conserve les différences communautaires. Son sens de la liberté est au plus haut et son rapport à la société est à un point d'équilibre entre le Nous et le Je, de par la monarchie qui unifie les individualités en une transcendance commune.

La Cité Américaine est une extrapolation de la Cité Anglaise : après la Cité État, l'État Nation, les États-Unis d'Amérique inventèrent l'Etat-Monde. Calviniste dans l'âme donc fortement différentialiste, elle est au plus haut du sentiment de liberté, après s'être débarrassé de la monarchie anglaise, et au plus haut du sentiment de destinée individuelle. Son histoire coloniale fait qu'elle est pionnière dans l'âme, privilégiant le pratique sur l'idée et son mysticisme religieux la pousse à un binarisme pouvant manquer de nuance. Son aspect État Monde, où toutes les civilisations se conservent au sein de la Cité, perdure par son unification linguistique et par sa croyance en une divinité supérieure, légitimant l'idée de nouveau peuple élu. Son optimisme et sa recherche du bonheur sont dus à sa jeunesse, près de trois siècles, et à une terre rendue vierge, les protégeant de toutes les tragédies européennes.

La Cité Allemande est à un point d'équilibre entre la Cité Catholique et la Cité Protestante. Elle était universaliste sous Charles Quint qui évangélisera de gré ou de force les Amérindiens, créant de facto une égalité de principe entre l'humanité, puis deviendra fortement différentialiste durant les ères sombres du nazisme. Son fédéralisme ancestral lui fait se méfier d'une autorité centrale.

La Cité Islamique a un très fort sentiment du Nous et de destinée collective. Dernière religion abrahamique, elle est un monothéisme absolu et total dont la cité terrestre est régie sans concession par les lois de la cité céleste. Se référant à un livre religieux dont pour les membres, il est la parole directe de leur dieu, la Cité Islamique par essence, sort l'individu de l'équation. Pour autant, il existe un véritable système de solidarité au sein de la Cité Islamique, exclusive à ses membres.

La Cité Confucéenne, qui infuse dans tout l'Extrême-Orient, est marquée par l'idée de l'ordre. Au contraire des cités occidentales, elle s'intéresse moins à l'essence des choses qu'à leur ordonnancement dans l'univers. L'individu n'est qu'un point de détail dans un grand tout : famille, cité, empereur, univers. Par le respect de l'autorité et de la hiérarchie, la Cité Confucéenne, promet le salut collectif.

Qu'en est-il de la Cité Française ? Héritière de l'universalisme catholique et romain, la Cité Française est la recherche de l'équilibre et de la mesure. C'est ce très fort attachement à la liberté individuelle et la croyance en une destinée commune. Tout comme jadis, un Gaulois ou un Hispanique pouvait devenir romain en s'appropriant les traditions et en respectant les lois de la cité, quiconque peut devenir français. La Pensée et le Verbe priment, tout autant la qualité à la quantité. De par ses nombreuses guerres civiles, la Cité Française, tout en aimant les plaisirs de la vie, a conscience du tragique.

Au-delà de la liberté, de l'égalité et de la fraternité, elle chérit l'unité par-dessus tout.

La Cité Française

La Cité Universelle

Nous Français, nous sommes le Peuple Conscience du monde. Par notre histoire, notre langue, notre culture et nos traditions, nous sommes une ouverture sur toutes les civilisations et tous les mondes.

Premier Peuple-Nation à s'être doté d'un État, ou plutôt, premier État ayant formé un même peuple-nation, nous sommes devenus le modèle à suivre pour d'autres peuples-nation, même pour ceux nous ayant combattus.

Nous nous voyons comme des Romains, que l'on soit Louis XIV, Robespierre ou Napoléon. Nous ressuscitons tel Jésus-Christ, que l'on soit Jeanne d'Arc ou le Général de Gaulle.

Nous nous sommes intéressés à toutes les civilisations : grecque, romaine, chinoise, indienne, égyptienne, perse, arabe, anglaise, italienne, allemande, russe et américaine.

Nous sommes des amoureux des civilisations, des cultures, des lettres, des traditions, des architectures, des peintures, des sculptures, des techniques, des technologies, des gastronomies.

Nous aimons la Vie et ses plaisirs : boire, manger, faire l'amour, critiquer, danser, jouer, dessiner, imiter, se moquer, caricaturer, penser, écrire, se promener, débattre, raisonner, mesurer, ordonner, inventer, créer.

Tels Abélard et Héloïse, jouir de la Vie et de la Vie, s'élever.

Nous sommes le peuple-nation le plus humatique qui soit : nous nous aimons et nous aimons les autres, nous sommes curieux de tout et de tous et notre doute est sans égal.

Le Savoir, la Connaissance et l'Éducation sont fondamentaux pour nous et sont les outils vers l'élévation de l'âme.

Peuple politique par essence, la démocratie nous est vitale.

Si la devise de la République Française est Liberté-Egalité-Fraternité, la devise de la Cité Française est Unité-Citoyenneté-Dignité.

C'est par la Cité Française qu'il est possible d'unifier les Français et c'est par un consentement individuel que quiconque peut devenir Français et propager notre modèle de civilisation.

La Cité Française est un idéal atteignant le parfait équilibre entre les différentes autres cités, se souciant de la liberté et de l'émancipation individuelle, de la solidarité envers les plus faibles, la seule pleinement curieuse des autres civilisations et ayant les capacités de les digérer en son sein tout en conservant son unité.

Elle est à la pointe de la culture, des arts et des sciences.

La Cité Française rayonne, chevaleresque, elle défend le faible contre le fort et est un modèle d'équilibre de civilisation entre les deux extrêmes que sont la Cité Américaine, hyper-individualiste et la Cité Confucéenne, hyper-collectiviste.

Il n'y a plus ni juif ni chrétien ni musulman, il n'y a plus ni dominé ni dominant, il n'y a plus ni homme ni femme, car nous tous, nous sommes un en la Cité Française.

Tel Atlas, la France porte le Monde sur son dos.

Le jour où la France s'écroulera, le monde basculera vers le néant.

Oui, l'Humanité est notre fardeau.

La Cité de la Raison

La paix entre citoyens ne peut venir que de la séparation stricte entre la sphère privée et la sphère publique. L'État ne peut être neutre dans cette recherche d'équilibre, car s'il n'agit pas, il sera soumis, lui, le représentant de l'intérêt général, aux rapports de forces internes — démographiques, religieux, financiers et médiatiques — et externes, d'ingérences étrangères.

Toutes les orientations, religieuses, politiques et sexuelles ont leurs places dans la Cité, tant qu'elles ne sont pas génératrices de désordre public. Chaque citoyen français, quelle que soit son orientation politique, sexuelle et religieuse, a sa respectabilité et sa dignité.

Mais pour pacifier l'espace public, la laïcité à la française doit être étendue à toutes les orientations politiques, religieuses et sexuelles : il est fortement recommandé de ne plus afficher de façon prosélyte ses orientations privées. Dans le cas où des groupes de pression, représentants des minorités politiques, sexuelles ou religieuses, contreviennent à cette très forte recommandation de l'État, celui-ci aura le devoir de mettre sous tutelle ces groupes ou de les dissoudre.

Pourquoi ? Car les orientations individuelles ne sont que des croyances intimes sur notre représentation du monde, sur la place de l'homme et de la femme dans la cité.

Et chacun, dans son être profond, est roi en son royaume.

Les religions doivent s'exercer et s'animer, exclusivement dans les lieux de culte. Les orientations sexuelles ou genrées ne doivent regarder que les individus concernés, sans affichage prosélyte ou tentative d'influencer autrui. Les orientations politiques s'expriment librement soit par l'espace des arts et des lettres, soit dans les espaces qui leur sont dédiés, c'est-à-dire, les assemblées citoyennes.

Les forces marchandes et commerciales qui envahissent tout l'espace public par des affiches publicitaires et qui aliènent le citoyen dans une propagande folle à la consommation seront désormais confinées à des Zones Commerciales, soit des espaces privés de marchandises, soit des rues et quartiers commerçants.

La Cité Française étant celle de la Grandeur, l'espace public se doit être un espace de culture et d'éducation.

C'est un choix de société. C'est notre choix.

L'éducation française se devra être une formation d'excellence et ce, à tous les niveaux. Les programmes scolaires seront densifiés, et une très grande exigence sera désormais demandée aux élèves français. L'École redeviendra une institution, des règles très strictes seront mises en place pour que l'autorité des enseignants soit entièrement respectée.

Tous les métiers représentant des institutions devront porter des uniformes. Attaquer l'Habit, c'est attaquer la Fonction.

Le service militaire redeviendra obligatoire dès l'âge de 18 ans, pour une période de deux ans. Fondamental pour recréer le lien entre le citoyen et la Nation, il incorporera notamment des enseignements intellectuels et permettra la maturation et la responsabilisation des jeunes esprits.

Des valeurs ancestrales seront réenseignées et sanctuarisés à travers toute la société : l'honneur, la mesure, la justice, le courage, le partage, l'ambition, la noblesse d'esprit, la famille et bien évidemment la grandeur et l'espérance.

Pour autant, la Cité Française n'est pas celle de la froideur, bien au contraire, de nouvelles fêtes, célébrations et carnavals animeront les années, dont les Trois Jours de l'Union Sacrée, qui débutera chaque 8 Juin. Le premier jour célébrera la Cité Française avec ses traditions et ses terroirs, le deuxième jour les civilisations et religions universelles, et le troisième, toutes les minorités invisibilisées. Un nouveau jeu mondial sera créé, les Apolloniades, célébrant tous les Peuples-Nation dans un spectacle inédit.

La France devant être la France, la langue française doit être sacralisée. Toutes les influences linguistiques étrangères seront légalement interdites, et tous les citoyens se doivent de maîtriser et pratiquer la langue française dans l'espace public. Dans l'espace privé, libre à chacun. Tous les affichages en langue étrangère devront obligatoirement être traduits en français, qu'ils soient commerciaux ou religieux.

La Règle des 51 % sera fondamentale : sur l'ensemble du territoire français, 51 % des magasins, des services physiques ou immatériels doivent être français. Il ne sera désormais plus possible de voir l'expansion commerciale d'entreprises étrangères sur le sol français, sans cette volonté d'équilibre visant à favoriser les commerçants français. Par ailleurs, cette règle sera généralisable à tout le monde culturel : plus d'une œuvre diffusée sur deux se devra d'être française.

Nos jeunes élites scientifiques et culturelles devront être protégées de la fuite massive de nos cerveaux. Des programmes économiques spécifiques seront mis en place pour arrêter cette saignée intellectuelle qui pénalise la France.

Quant à notre souveraineté numérique, celle-ci devra être pleine et sans concession : développements de services numériques français puis abandons progressifs des logiciels étrangers. La protection des données numériques des citoyens sera garantie par l'État.

La Cité Française sera bien celle du citoyen éclairé et responsable, qui contribue à la vie de la cité.

Le Citoyennat

Le Citoyennat est le régime politique qui unifiera enfin toute l'Histoire de France et tous les Français. La République Française, malgré son idéal fort issu des Lumières et de l'Antiquité gréco-romaine, n'a pas su tenir toutes ses promesses, et ce, dès ses origines.

Dès sa naissance, une différence fut créée entre les citoyens actifs, suffisamment riches pour payer l'impôt et les citoyens passifs, la grande majorité du peuple. Dénoncée ardemment par Robespierre et les Sans-Culottes, elle le fut encore plus auparavant par Rousseau, critiquant le modèle anglais de démocratie représentative.

Libre un jour et esclave le restant du temps en nous donnant un maître, disait-il. La démocratie représentative est le plus dangereux oxymore de tous les temps. Et la démocratie directe, la plus risible des tautologies.

La démocratie n'a d'autre sens que celui-ci : le gouvernement du Peuple, par le Peuple, pour le Peuple. Les valeurs républicaines sont en soi plus importantes que le régime républicain, c'est-à-dire l'idée d'agir dans l'intérêt général.

Ainsi, l'intérêt public prime sur l'intérêt individuel qui prime sur l'intérêt particulier. Car seul l'intérêt public est censé rejaillir sur tous les autres intérêts.

L'enrichissement ou l'influence d'une partie, lobbys, associations, entreprises, communautés, média, banques ne doit jamais outrepasser les intérêts de l'individu que sont l'épanouissement individuel, la socialisation, la sécurité, le bien-être matériel et spirituel, qui eux-mêmes s'arrêtent à l'intérêt général : la citoyenneté en tant que possibilité d'agir politiquement, la civilité, l'éducation, la cohésion sociale, le respect de l'environnement commun.

La République Française a comme deuxième péché originel, la détestation de l'Histoire de France avant la Révolution Française, partiellement corrigé par la Troisième République. La Cinquième République remettra un monarque républicain sur le trône, dont on s'amuse à couper la tête tous les cinq ans. Car depuis De Gaulle, aucun autre Président de la République n'a eu de légitimité réelle, au sens historique du terme.

« Aux grands hommes, la Patrie reconnaissante » sur le fronton du Panthéon résume la source de la légitimité.

C'est par un devoir d'exemplarité et de grands services rendus à la Nation que l'on peut prétendre unir et diriger un peuple. Que l'on soit Charles Martel ou Napoléon, on n'y échappe pas.

Le Citoyennat finit ainsi la Révolution Française : le peuple-nation français détient définitivement la source de sa propre souveraineté et est uni par son incarnation, le Souverain.

Le Pouvoir législatif

Deux assemblées législatives constituent le Citoyennat : l'Assemblée Populaire, constituée de tous les citoyens ayant passé leur certificat de responsabilité citoyenne à leur majorité. Symbole de la souveraineté populaire et ayant la primauté du temps présent, l'Assemblée Populaire propose et vote les lois. Après candidature, elle nomme les ministres du gouvernement. Elle doit ratifier les lois votées par l'autre assemblée.

Celle-ci se nomme le Temple National. Elle est constituée de tous les citoyens ayant passé leur certificat de responsabilité citoyenne à leur majorité et leur certificat de responsabilité nationale, la trentaine achevée. Symbole de la souveraineté nationale, elle a la primauté du temps passé et futur, propose et vote des lois. Elle doit ratifier les lois votées par l'Assemblée Populaire.

Une troisième chambre, le Conseil des Illustres est l'Autorité Constituante Suprême. Elle a comme devoir de contrôler la conformité constitutionnelle des lois ratifiées par les deux chambres, Assemblée Populaire et Temple National. Ses membres doivent avoir plus de 45 ans, doivent s'être illustrés pour la France et les Français et doivent avoir, avant d'être confirmée et accueilli par le Souverain, un certificat de responsabilité constitutionnelle.

Ces trois certificats aux responsabilités citoyennes, nationales et constitutionnelles seront obtenus en fin de formations dispensées gratuitement et obligatoirement pour tous les citoyens, de la jeunesse à la majorité, puis gratuitement et volontairement pour les responsabilités nationales et constitutionnelles dès la majorité.

La formation à la responsabilité citoyenne comprendra une initiation aux arts politiques, aux arts rhétoriques et oratoires, à l'éloquence, à l'esprit de nuance, la dialectique, à l'analyse, au scepticisme méthodique, à la civilité et aux respects des lois de la Cité Française.

La formation à la responsabilité nationale dispensera un enseignement poussé sur l'Histoire de France, la Philosophie, la Cité Française, l'écologie et l'éthique.

La formation à la responsabilité constitutionnelle donnera la maîtrise de l'analyse comparative de textes, l'étude de la conformité à la constitution et à l'esprit de la Cité Française.

Les verrous à l'âge, 18 ans pour l'Assemblée Populaire, 30 ans pour le Temple National, et 45 ans pour le Conseil des Illustres existent, car ils prennent en compte la complexité de maturation de la pensée au fil du temps.

La séparation en deux chambres législatives, une, symbole de la souveraineté populaire et l'autre de la souveraineté nationale, créé un équilibre entre les besoins du peuple actuel et la nécessaire conservation à la fois de notre Histoire commune, notre patrimoine, nos traditions, nos mœurs et de l'obligation morale d'au pire conserver notre environnement tel qu'il est pour les générations à venir, au mieux créer un environnement plus accueillant et respectueux de la nature. L'Assemblée Populaire ne peut ainsi se doter de lois historicides ou de lois pouvant compromettre la prospérité biologique, environnementale et culturelle des générations suivantes. À l'inverse, le Temple National ne peut sacrifier le peuple actuel pour des raisons environnementales ou idéologiques.

En dernier recours, le tiers de confiance n'est autre que le Souverain, l'incarnation de la souveraineté populo-nationale, c'est-à-dire le Chef de l'État Français.

Deux nouveaux métiers, certifiés par l'État, seront créés : Législateur et Arbitre d'assemblée. Le rôle du Législateur est clé au sein du Citoyennat, tel un avocat, il doit formaliser et défendre une loi proposée par un citoyen dont il parle en son nom. Quiconque n'ayant pas les capacités intellectuelles ou oratoires pour défendre une loi peut ainsi faire appel à un Législateur. L'Arbitre d'assemblée a pour mission la bonne tenue des séances à l'assemblée, l'équilibrage du temps de parole et la pénalisation de tout manquement à la civilité ou à l'exposition d'idée sans une argumentation établie. Leurs salaires sont fixés par l'État et toute collusion avec des intérêts privés sera sévèrement réprimée.

La démocratie émergente du Citoyennat est une démocratie d'échelle : si le Temple National et le Conseil des Illustres sont localisés en un lieu, en plus de l'Assemblée Populaire ou tout citoyen peut se rendre, il existera des assemblées citoyennes à des échelles plus locales telles des assemblées départementales et communales. Le principe de subsidiarité est de mise : tout en respectant les lois de la Cité Française, tout ce qui peut se décider à des échelles locales doit l'être. Le tiers de confiance est l'échelon supérieur qui peut casser une loi locale contrevenant à l'intérêt général. Que l'on siège dans une assemblée communale, départementale ou dans l'Assemblée Populaire, il est possible de débattre de tout, sans aucun tabou, mais dans le respect absolu de la civilité et de la méthode argumentaire.

Toutes les craintes, les frayeurs, les superstitions voire les haines doivent passer par ce sas de décompression que sont les assemblées, car en mettant au ban certains citoyens, cela explosera toujours un jour ou un autre à la face de la société.

Cette liberté de parole et de pensée est exclusive aux assemblées citoyennes permettant ainsi de pacifier tous les espaces publics et communs.

L'espace littéraire et artistique est une extension des assemblées et de l'expression citoyenne, mais aucun citoyen, quelle que soit sa situation financière ou professionnelle, n'a le droit d'influencer de façon prosélyte d'autres citoyens, sous peine de fortes réprimandes. Les assemblées citoyennes sont ainsi les lieux privilégiés du débat public.

L'isocratie est la règle.

Les partis et les associations politiques ou métapolitiques seront dissous. Les lobbys, mis hors la loi. Les Organisations Non Gouvernementales, qui ne sont que l'expression d'une ingérence étrangère, considérées comme illégitimes, nulles et non avenues.

Tous les médias publics et privés devront appliquer une stricte dialectique au sein de leur programmation et avoir une lecture argumentée et critique des faits. Émouvoir, donc outrepasser la raison d'un citoyen, pour persuader, en dehors de l'espace artistique et littéraire, est pénalement interdit. Pour convaincre ses concitoyens de son point de vue, il sera nécessaire d'argumenter méthodiquement. Il n'y a pas d'alternative.

L'aliénation de soi est le pire danger qui nous guette.

Il y a ainsi nécessité de créer les conditions d'un isoloir mental, pour que tout citoyen puisse voter en son âme et conscience.

Pour voter une loi, le citoyen devra d'abord lire un bref résumé dialectique en points clés, avantages et inconvénients, le pour et le contre. Il aura en seconde main, une lecture vulgarisée de la proposition de loi et enfin la proposition complète de la loi. Seul le bref résumé dialectique est obligatoire à lire pour chaque citoyen, pour voter une loi.

D'un vote par bloc de pensées, nous passerons à un vote par points. C'est ici la véritable révolution politique, car elle prend en compte toute la complexité de l'esprit humain : un tel étant libéral économiquement et conservateur socialement pourra voter selon sa vision du monde, pendant qu'une autre protectionniste et libérale dans ses mœurs, votera elle aussi telle qu'elle l'entend.

Il n'y a ainsi plus de risque de dictature de la majorité, car celle-ci devient par essence mouvante.

Le vote est en un tour. La majorité absolue, 51 % des votants, suffit à valider une loi, avant la ratification ou non des deux autres chambres.

Pour des questions d'intérêts vitaux et d'enjeux nationaux, le vote est en deux tours. Une majorité qualifiée sera nécessaire pour valider dès le premier tour (67 % des voix), donnant à la minorité une deuxième chance de convaincre ses concitoyens. Si au bout du deuxième tour, le score reste serré, il conviendra au Souverain de départager le peuple-nation.

Il est nécessaire, pour la cohésion du Peuple Nation français, pour chaque citoyen français, de respecter la décision de la majorité, même en cas de désaccord grave. En principe, il n'y a plus besoin de manifester dans la rue, car cette manifestation physique peut s'exprimer dans une plus grande nuance et complexité dans les assemblées.

Les rues seront ainsi pacifiées, les assemblées devenant le lieu privilégié de la confrontation idéologique, du débat et de la joute oratoire.

Des missions citoyennes, ayant un objet précis, peuvent être lancées par l'Assemblée Populaire : dans ce cadre, des citoyens sont tirés au sort. Accompagnés d'experts, ils devront analyser de façon dialectique une problématique puis rendre un compte rendu à l'Assemblée Populaire. Ces missions citoyennes seront rémunérées par l'État.

Aucune minorité, qu'elle soit communautaire, sexuelle, religieuse, ethnique ou financière n'a le droit de s'ériger contre une majorité : son pouvoir politique est nul.

Seuls la citoyenneté et le strict respect de l'isocratie, c'est-à-dire l'égalité de pouvoir politique entre tous les citoyens, garantissent les droits politiques d'un individu.

Le Pouvoir exécutif

Le Souverain est l'incarnation du Peuple-Nation français. Il est symboliquement sacré par le Peuple-Nation, une première fois à l'Assemblée Populaire et une deuxième fois au Temple National. Ainsi légitimé, il est à vie, le Chef de l'État français, celui qui veille à l'unité, à la Grandeur de la France et à l'union des citoyens français. Il n'est ni un roi ni un président, il est le Souverain du Peuple-Nation français.

Il possède le pouvoir de principat : il nomme et révoque le Premier Ministre, le Président de l'Assemblée Populaire, le Président du Temple National, celui du Conseil des Illustres et les Préfets. Ces derniers ont autorité sur leurs ministres ou collaborateurs, nommés par les chambres respectives.

Le Premier Ministre est le chef du gouvernement. Il mène l'action politique du Peuple-Nation français et a toute autorité sur ses ministres eux-mêmes nommés par l'Assemblée Populaire. Il exécute grâce à son gouvernement l'application des lois votées et ratifiées. Il peut demander la démission d'un de ses ministres pour manquement professionnel grave, demande qui doit être validée par l'Assemblée Populaire. Inversement, l'Assemblée Populaire peut demander la révocation du Premier Ministre auprès du Souverain, qui peut refuser.

Le Souverain se doit d'être un auguste illustre, être exemplaire, avoir la capacité morale et physique pour diriger son pays. Il doit faire rayonner la France à l'étranger. Il doit accueillir les Illustres au sein du Conseil des Illustres.

Il est le Chef des Armées et en cas de guerre ou de crise grave majeure, il a une autorité directe sur le corps exécutif.

Chaque dimanche sont organisées les Dialogues Souverains, une rencontre publique de débats entre le Souverain et cent citoyens tirés au sort.

En cas de manquement grave au Peuple-Nation français ou un basculement despotique du Souverain, les Trois Chambres peuvent voter la destitution du Souverain.

Sa fonction étant plus importante que sa personne, il doit préparer sa succession et permettre la continuité de l'État. La personne désignée par le Souverain se devra d'avoir les qualités nécessaires à la fonction de Souverain, telles décrites précédemment et si c'est le cas, elle sera à son tour symboliquement sacrée par le Peuple-Nation français.

Si le Souverain meurt avant d'avoir désigné son successeur et s'il n'existe aucune recommandation écrite, les Trois Chambres devront désigner le plus apte et le plus illustre des citoyens français comme nouveau souverain. Par sa probité, son intellect et sa volonté d'agir pour le bien commun, cet illustre citoyen saura être indirectement repéré.

Le Souverain peut former l'un de ses enfants à être son successeur, mais il n'existe pas de principe héréditaire, les qualités de la fonction priment sur tout et seul le sacre symbolique du Peuple-Nation légitime le Souverain.

Le Souverain a le pouvoir de proposer directement une loi au corps législatif si cela est dans le cadre de la Prospérité et de la Grandeur du Peuple-Nation français.

Son pouvoir à vie n'est rendu possible et légitime que parce que le pouvoir de chaque citoyen est total et est lui aussi à vie. Jamais, de toute l'histoire de l'Humanité, des individus ne concentreront autant de pouvoir citoyen entre leurs mains.

Cette perpendiculaire du pouvoir est nécessaire : la verticalité du Souverain dont la personne est sacrée permet la cohésion entre les citoyens et la cohérence de l'action politique sur des temps longs, verticalité reposant sur l'horizontalité du pouvoir véritablement démocratique des citoyens. Le Souverain, qui rappelons-le est l'incarnation du Peuple Nation français, est la transcendance de chair et d'os, permettent de réduire la dispersion et le dissensus pouvant naître du processus démocratique.

Le Souverain peut réunir et s'entretenir avec le Conseil Millénaire réunissant l'héritier de la lignée royale française, de l'héritier de la lignée impériale française et l'Archevêque catholique français, détenteur du titre de Primat des Gaules. Ces derniers auront un titre honorifique dans le seul intérêt d'unir l'Histoire de France et les Français.

Le Pouvoir judiciaire

Les Juges doivent être la bouche de la Loi. Ils ne doivent ni interpréter ni juger selon leur propre conception de la justice. Une autorité indépendante se devra de juger les juges, en cas de manquement à cette règle. Les jurys populaires, tirés au sort, seront généralisés.

La société souveraine et responsable

Le Citoyennat a pour objectif clair la Prospérité biologique, culturelle et spirituelle du Peuple-Nation français.

Ce régime donne enfin la pleine souveraineté au Peuple-Nation français. Mais cette souveraineté s'accompagne de plusieurs responsabilités fondamentales de chaque citoyen.

D'abord d'une responsabilité citoyenne, d'être en capacité morale et intellectuelle d'agir dans le cadre de l'intérêt général. Les outils intellectuels et les formations citoyennes sont garantis par l'État comme droit fondamental de tout citoyen.

La responsabilité de civisme comme art de vivre en société incombe à chaque citoyen. Tout manquement à cette responsabilité est vu comme un ralentissement de la vie citoyenne et sera fortement réprimandé.

Les responsabilités de préservation de l'environnement, de non-empiètement envers la faune et la flore pour raisons non vitales, et de la mise en place de conditions bioatmosphériques non dégradantes pour la santé incombent à chaque citoyen.

La responsabilité démographique et du renouvellement des générations sera menée par une politique démographique active : il y a une nécessité pour le peuple français de croitre de façon raisonnée et raisonnable, c'est-à-dire d'avoir un indice de fécondité stable entre 2,1 et 3 enfants par femme.

La responsabilité parentale sera accrue, la famille sacralisée comme première des sociétés. Des aides et soutiens spécifiques seront accordés à chaque parent pour faire face à ce qui peut être considéré comme une épreuve.

La responsabilité du respect de l'Histoire de France et de l'Église Catholique comme constitutive de la France, du respect des traditions nationales, régionales et locales, des us et coutumes françaises qui nous donnent tout notre charme et nos spécificités.

Oui au chevaleresque, oui au panache, oui à la galanterie, oui à la France.

La responsabilité d'assimilation à la Cité Française : quiconque peut devenir citoyen français en faisant sienne la Cité Française.

La responsabilité du respect de l'autorité et des hiérarchies légitimes.

La responsabilité de solidarité envers ses concitoyens les plus défavorisés.

La responsabilité de subjugation mondiale en matière de littérature et des autres arts, devenant le moteur d'une République des arts et des lettres.

La responsabilité d'être toujours à la pointe de la recherche scientifique et technologique.

La responsabilité de mesure et de recherche d'équilibre, si propre à l'esprit français.

La responsabilité de célébrer la Cité Française, les illustres ayant contribué à la France et au Progrès Humain et à toutes les autres civilisations.

La responsabilité de repousser, tout en gardant un esprit éthique, les frontières de l'Humanité, de conquérir les esprits et de préparer l'Humanité à l'exploration et à la conquête spatiale. Si les richesses sur Terre sont belles et bien finies, les richesses de l'Univers sont infinies.

En somme, la responsabilité de Grandeur.

Une nécessaire Spiritualité d'État

Si la France est la fille ainée de l'Église Catholique, elle est aussi la fille ainée et unique de la Laïcité.

Depuis Philippe le Bel, la France a décidé que le pouvoir politique de l'État était plus important que toute autorité religieuse. Au Roi, la cité terrestre, au Pape, la cité céleste. L'Église française se détacha elle-même de l'autorité du Pape, pour se mettre au service du Roi, créant ainsi le gallicanisme. La sécularisation et l'irréligiosité ne furent que le résultat d'une genèse de l'alphabétisation de masse et qui permit aux français de découvrir, avant tout le monde, le Funeste Secret : l'homme, en se retirant de la femme avant la jouissance, pouvait limiter les naissances.

Alors championne démographique, à partir de la moitié du 18e siècle, la France entama une lente chute démographique. Cette chute démographique privilégia la qualité à la quantité et permit l'émergence d'une classe bourgeoise bien plus éduquée que ses ancêtres. Cette même classe bourgeoise qui permit la Révolution Française et qui coupa la tête du Roi.

Oui, nous sommes un peuple déicide.

Mais sans transcendance commune, les forces centrifuges arrachent tout sur leur passage et préparent les conditions de guerres civiles terribles. Les révolutionnaires s'entretuèrent malgré le Culte de l'Être Suprême de Robespierre, reprenant l'idée de religion civile de Rousseau. Napoléon comprendra rapidement la nécessité d'une transcendance commune et instaura le Concordat avec l'Église Catholique.

Plus tard, Auguste Comte reprendra à son compte l'idée de Rousseau et de Robespierre, et créera le positivisme, la religion de l'humanité, célébrant tous les hommes et toutes les femmes ayant aidé au Progrès du genre humain. Ne nous méprenons pas, si les Pyramides d'Égypte sont les monuments en l'honneur du Pharaon et à la gloire des dieux, la Tour Eiffel est elle-même un monument religieux en l'honneur du Positivisme et célébrant tous les savants français ayant aidé au Progrès humain.

L'État s'était séparé violemment de l'Église Catholique en 1905 et la croyance en la Nation Française et au Progrès humain était au plus haut. L'optimisme était de mise. Mais la guerre de 14-18, durant laquelle la France versa en masse son sang pour se défendre, sacralisera enfin la Nation pour qui Nobles, Paysans, riches et pauvres se sacrifièrent. C'est lorsqu'une chose se meurt que l'on prend conscience de son existence. Mais ce fut la terrible désillusion pour le Progrès Humain, après cette guerre mécanique, industrielle, froide et terriblement meurtrière.

Cet idéal fut porté par d'autres, digéré, transfiguré, défiguré par leur propre vision nationale, que ce soit le marxisme en Allemagne ou le léninisme en Russie. D'une spiritualité de salut terrestre issue du catholicisme français, l'idéal français devint un pur matérialisme, niant même les besoins spirituels de l'individu. L'américanisme n'est en réalité, lui aussi, qu'un pur matérialisme se pensant au service d'un dieu.

L'individu humain est de tout temps, quel que soit son origine ethnique et géographique, à la fois un être biologique, un être de culture, il crée, il communique, il transmet, mais aussi et surtout un être de spiritualité, il a besoin de croire en une force supérieure, produit d'une espérance d'un jour meilleur.

L'Humanité a toujours cru, croit et croira toujours en une même transcendance, une même divinité qui apparut aux hommes selon différents avatars. Zeus pour les Grecs, Jupiter pour les Romains, Krishna pour les Hindous, YHWH pour les Juifs, le Seigneur pour les Chrétiens, Allah pour les Musulmans, le Progrès pour les Positivistes, le Salut du Prolétariat pour les Communistes, le Marché pour les Libéraux, la Terre pour les Écologistes.

Cette Divinité, quel que soit son visage, porte le même nom : la Divine Espérance. Le nier, c'est nier l'Humanité. Depuis sa genèse, l'Humanité s'est adaptée aux pires tragédies guerrières et climatiques en se tournant vers la Divine Espérance qui à son tour lui donna la force mentale de se relever et d'aller de l'avant.

Cette divinité anthropologique, nous devons à nouveau l'accueillir au sein de la cité. La célébrer et lui vouer un culte, quel que soit son visage.

La célébration de la Divine Espérance permettra la communion de tout le Peuple-Nation Français.

Son symbole est le Pont, sa philosophie, le stoïcisme, son rituel : L'Élévation, la Traversée, le Retour. Son originalité ? Célébrer et lier les différents avatars de la Divine Espérance, donc célébrer toutes les religions et civilisations du monde.

De par son histoire millénaire, l'Église Catholique se doit de tenir une place à part en France et doit être préservée de toutes les dynamiques des autres religions. Car sans l'Église Catholique, la France n'est plus la France.

Le Pontisme aura son propre Temple, le Pont, un monument aux dimensions à la mesure de la Divine Espérance, d'un style gréco-romain, permettant la formation et la certification des différents religionnaires, chrétien, juif, musulman, bouddhiste, hindou ou autre, permettant à tout citoyen de se recueillir et communier au sein d'un bâtiment sacré, qu'elle que soit sa religion, et enfin d'archiver et transmettre tous les aspects des civilisations du monde.

Le Souverain veillera à l'indépendance et au rayonnement du Pontisme à travers le monde.

CONQUÉRIR

La conquête se fera selon une stratégie politique claire, exemplaire et non-violente, se déroulant au sein même des institutions de la Ve République.

L'ultime parti politique

Un parti politique sera créé, Cité Française, qui aura pour objectif de faire élire le dernier président de la République et dont le mandat impératif sera de préparer la transition de la France vers le Citoyennat, le régime donnant la pleine souveraineté au Peuple-Nation français. Ce parti se devra d'être le reflet de la Cité Française, dans sa volonté d'incarner Grandeur et Espérance et son fonctionnement sera calqué sur celui du Citoyennat, selon la perpendiculaire du pouvoir.

Tout citoyen français, quel que soit son genre, son orientation sexuelle, sa classe sociale, son niveau de revenu, sa profession, son ethnie, son orientation politique ou religieuse, ou tout aspirant citoyen venant d'ailleurs ou pas encore majeur, peut rejoindre le parti de Cité Française.

Un programme politique sera rédigé, définissant de façon exhaustive à la fois le Citoyennat et le mandat unique du président élu.

Le parti aura un fonctionnement professionnel. Après préparation interne, de rhétorique et de dialectique, un membre du parti pourra demander à être porte-parole, l'habilitant à parler au nom du parti sur tous les postes médiatiques. Le respect de l'autorité et de la hiérarchie est fondamental pour la bonne conquête du pouvoir.

Tout membre devra porter l'écharpe tricolore de citoyen français, dans le cadre de réunions privées, publiques ou dans les espaces médiatiques.

Le mandat présidentiel se devra de préparer, par la voix des citoyens français, à une nouvelle constitution. Une fois le Citoyennat mis en place, le parti Cité Française sera dissous ainsi que tous les autres partis politiques qui deviennent caducs.

La résistance des forces médiatiques et la propagande contre le parti Cité Française seront féroces et pour cela un devoir d'exemplarité publique sera demandé à chacun de ses membres, une unité publique à toute épreuve, et une volonté d'agir pour le bien commun. Toutes les pensées personnelles sont permises dans les limites de la méthode argumentaire et du respect de ses concitoyens, et toute polémique personnelle est inutile et à bannir.

Le parti Cité Française respecte toutes les orientations politiques, de gauche et de droite, conservatrices et progressistes, communistes et capitalistes, toutes les orientations genrées et sexuelles, et toutes les orientations religieuses de par sa croyance en la Divine Espérance, qui incorpore toutes les croyances et les espérances du monde.

Des formations politiques, philosophiques, historiques, scientifiques et dialectiques seront données à chacun de ses membres.

Sa source de financement sera rendue possible par des dons exclusivement de citoyens français, pour éloigner tout risque d'ingérence étrangère. Toute tentative d'enrichissement personnel ou de subversion du parti pour des intérêts privés sera sévèrement réprimée et publiquement condamnée, menant à l'exclusion immédiate du concerné.

Tout non-respect de la stratégie des cadres du parti, toute initiative prise sans le consentement des cadres allant contre l'intérêt du parti, toute polémique futile et inutile, mènera le concerné à se justifier devant les cadres, dans une procédure disciplinaire. Des sanctions pouvant mener à l'exclusion pourront être décidées.

Toute violence physique ou verbale, faite au nom et au couleur du Parti, mèneront automatiquement à la condamnation publique du concerné et à l'exclusion automatique du concerné.

Tout désaccord avec le parti la Cité Française, avec ses cadres ou ses membres, devra se faire à l'intérieur du parti et non pas publiquement, pour ne pas causer des dommages à la mise en place du Citoyennat. Tout manquement à cette règle peut mener à une procédure disciplinaire.

Toute guerre d'ego doit être gérée en interne, par des intermédiaires de confiance, car notre objectif est plus important que nos personnes. Tout manquement à cette règle peut mener à une procédure disciplinaire.

Le parti centralise et coordonne la gestion de tous les dérivés médiatiques et culturels de la Cité Française, qui font partie de la stratégie politique de conquête du pouvoir.

Des cellules autonomes pourront être créées si et seulement un de ses représentants a été validé comme personne de confiance par les cadres.

Le principe de subsidiarité est de mise tant qu'il ne contrevient pas à l'intérêt du parti, c'est-à-dire faire élire le dernier Président de la République française pour la mise en place du Citoyennat.

L'expansion médiatique et culturelle

La Cité Française se devra d'occuper tout l'espace médiatico-culturel et uniquement pour des raisons de Grandeur et d'Espérance.

Tous les intellectuels et artistes, français ou étrangers, seront invités à nous rejoindre. Toutes les formes de communications seront établies avec nos concitoyens : les créations humoristiques, littéraires, de vulgarisation, artistiques, vidéoludiques.

Tous les codes médiatiques modernes de communication doivent être décryptés, digérés, imités et dépassés.

Nous nous devons d'être à l'avant-garde de la communication sous toutes ses formes. Des cours, des conférences et des concerts seront donnés partout en France et si possible, dans le monde.

Si des bénéfices sont faits grâce à cette expansion médiatique, ceux-ci pourront financer des jeunes talents français à la recherche de Grandeur.

L'ultime mandat présidentiel

Une fois arrivé au pouvoir, le dernier président de la République et de l'Histoire de France, aura cinq ans pour préparer la transition vers le Citoyennat. Pour cela, il devra éviter toute politique pouvant freiner le destin de la France : polémiques et guerres inutiles.

Le Premier Ministre nommé par le Président se chargera des affaires courantes, mais durant ces cinq ans aucune proposition pouvant bouleverser le destin du pays ne doit être mise en chantier.

La Conquête du Souverain

Une fois le Souverain légitimé par le Peuple-Nation français, l'intérêt de la France sera que chaque pays adopte le régime du Citoyennat. Par l'exemple et le verbe, nous devons convaincre les autres Peuples-Nation que leur destin est le même que le nôtre.

Et d'eux-mêmes, ils désireront avoir leur pleine souveraineté.

Les liens avec la Wallonie et le Québec seront renforcés et s'ils le souhaitent, ils pourront retourner à leur Peuple-Nation d'origine.

En Europe, nous devons retrouver notre unité carolingienne d'autant, si les Peuples-Nation français, allemand, hollandais, belge, luxembourgeois, espagnol et italien, le souhaitent, et en se dotant du même régime, il est imaginable, dans un monde où les grandes Nations règnent, de ressusciter notre nation mère qu'est la Carolingie.

Le Souverain devra d'abord renforcer les liens avec le Cercle Latin Catholique : France, Italie, Espagne, Portugal, Pologne, Autriche, Croatie, Hongrie, Irlande, Amérique Centrale, Amérique du Sud, Philippine. Sans oublier le Cercle Chrétien orthodoxe.

Il ne devra pas oublier le Cercle Francophone : France, Égypte, Maghreb, Afrique Francophone.

Pour finir, le Souverain français devra se lier au Cercle Civilisationnel, source des grandes civilisations : France, Chine, Corée, Japon, Iran, Irak Inde, Mexique, Pérou, Égypte, Italie, Grèce, Turquie, Levant, Russie, Angleterre, Mali, Éthiopie.

L'armée française se devra d'être à la pointe et être une force de dissuasion contre tout ennemi éventuel. L'influence culturelle de la France dans le monde devra inspirer Grandeur et Espérance pour tous les peuples.

TABLE